走出思想的边界

knowledge-power
读行者

敦煌艺术是要花真功夫去认识,才能够使心灵得到感应。关于这一点,谢老师是真正有感悟的。一方面,他是一个艺术家,他全身心投入到绘画当中来;另一方面,他非常勤奋地读了很多书,将这个传统文化弄懂了。这一点非常重要,所以他写的内容,就是真正的自己心灵的一种感悟,是真实的。

我们做艺术,包括做艺术理论的,都要认真地把传统的东西搞懂。搞懂了之后,你就会特别喜欢它,就会觉得这样的传统,对我们现在的人来说也是非常震撼的。当你真正明白了之后,你会很激动。当年,我和谢老师进到洞窟里面,经常都是激动一整天,都会想这些问题:北魏的东西为什么这么好呢?后来发现隋唐的内容也挺美的。就是这样一点点去发现,去学习传统,感悟敦煌。

—— 赵声良(敦煌研究院第五任院长)

谢成水从事敦煌壁画、雕塑的临摹和研究有 30 多年,在 2002 年又专程到英国大英博物馆,用了一年时间研究流失在那里的所有敦煌藏经洞绢画。他研究并亲自实践传统壁画在南方潮湿地区如何防潮防霉的新制作技法获得了国家发明专利证书。在研究敦煌传统雕塑的同时又进行雕塑实践创作,其创作的佛教雕塑作品获得首届中国当代佛教艺术展金奖;创作的中国画参加全国美术展览,并获优秀奖。为探索传统艺术在教育方面的传承,他先后受聘于南京师范大学和中国美术学院,带中国传统壁画与雕塑研究课题的硕士研究生。30 多年来,共发表了 20 多篇学术研究论文,出版多部专著，参加过多次国际学术研讨会议。谢成水先生是一个对敦煌壁画、雕塑、绢画的研究、临摹、传承和探索并举的学者型艺术家。本书是他 30 多年研究敦煌艺术，特别是从一个绘画人独特的视角去解读和悟见敦煌艺术的结晶，很值得大家一读。

——何家英（中国美术家协会副主席、知名中国工笔人物画家）

有幸先睹为快，拜读了谢成水先生《看见敦煌》这本不愧为真正看懂了敦煌艺术，全身心走近、走进了敦煌圣殿的杰出著作，让我这个虽然走近敦煌 40 年却依然是敦煌石窟艺术的门外汉受益匪浅。

谢著以平实的文字将他投身敦煌艺术研究，在潜心观摩莫高窟壁画、绢画、彩塑的扎实基础上，经过几十年绘画、塑像的艰辛创作实践，向我们阐释了如何传承、创新的要义与感悟。尤其是书中对敦煌壁画里"中国线法"这个核心技术以及"点"在其中的作用的论述，对敦煌绢画技法如何影响中国传统绘画的解说，对敦煌彩塑造型中线法的探索，都可以说发前人所未发，是独树一帜的。从看见到看懂，从走近到走进，是一个质的飞跃。特别难能可贵的是近些年来他在塑像雕制上不懈努力、精益求精，为濒临失传的作为信仰文化艺术的佛像雕制这个重要文化遗产的传承、弘扬带来了信心和希望。

同时，作为一名在中华书局工作几十年的编辑，我认为《看见敦煌》也是一本普及与提高并举、图文并茂的精彩读物，希望广大读者喜欢，也希望谢成水先生能为新时期提供更多的好作品。

——柴剑虹（中国敦煌吐鲁番学会顾问、中华书局编审）

谢成水

著

看见敦煌

C∩S 湖南文艺出版社
PUBLISHING & MEDIA
HUNAN LITERATURE AND ART PUBLISHING HOUSE

博集天卷
CS·BOOKY

·长沙·

第二章

敦煌绢画

散落海外的艺术明珠

第三章

雕塑与建筑

空中妙有的艺术塑造

第四章

第290窟

敦煌石窟艺术的奇葩

第五章

敦煌文化 与中原文化 源流探源

敦煌之路

与敦煌的缘分，要从我求学时说起。

20 世纪改革开放初期，绝大部分中国人还难以见到国外精湛的艺术作品，不了解西方艺术，对中国传统艺术也所知有限。有一天，我在一份杂志上偶然看到一位外国艺术评论家的文章。他尖锐地指出，中国目前没有一个人真正深入研究了西方艺术，也没有一个人真正深入研究了中国传统艺术。我当时认为这位评论家太过偏执狂妄了。我们中国人可能没办法深入研究西方艺术，但应该还是有很多专家、学者深入研究过中国传统艺术的。

当年，我从福建师范大学艺术系毕业后，内心产生了一种被掏空般的茫然，因为看不清自己追寻的艺术之路通向何方。这种茫然很长一段时间都无法消弭。

1982 年，我到浙江美术学院(现为中国美术学院)油画系进修。学院进口了一批精美的西方艺术画册，学生们得以比较全面系统地了解西方近百年的艺术发展史。在此期间，我们逐渐认识到，近百年的西方艺术不断地从东方艺术中汲取营养，衍生了西方现代艺术。既然西方艺术能从东方艺术里撷取现代艺术语言，那么我作为一个中国人，为什么不能直接从中国传统艺术里找到自己的艺术语言呢？当时很多人赴海外留学，我也曾有过此意，但是转念一想，如果到国外向西方现代艺术学习，是不是又绕了一大圈，是不是又走了弯路呢？所以，我决定还是先尝试着真正了解中国传统艺术，再边走边看。

这时，我刚好看到敦煌文物研究所（今敦煌研究院）在《光明日报》刊登了一条招聘研究人员的信息，便报了名。敦煌文物研究所派了马德、潘玉闪两位老师前来和我面谈，了解我的情况之后，欢迎我加入。我提出要完成浙江美术学院的进修之后再去敦煌工作，他们同意了我的请求。

我决定利用暑假自费跑一趟西北，实地考察和了解中国传统艺术，同时落实去敦煌莫高窟长期工作的各项事宜。

虽然是带薪在校学习，可当时我的月工资只有 38.5 元，仅够吃饭等日常开支。"自费考察"是一件很奢侈的事，凭我个人的力量难于登天。无奈之下，我向福建师范大学的同学求助，说明我的想法和困难。结果得到了同学们的慷慨帮助，他们每个人 10元或 20 元不等地通过邮局汇款给我。其中最大的一笔"巨款"来

图 0-1 龙门石窟大佛 唐代

自北京的丁心一，他给我寄了 50 元，我既吃惊又高兴。最后，零零碎碎众筹到了 395 元，我便出发上路了。

为了节省费用，我坐上绿皮慢速火车，一程接一程地向西北前行。第一站到了洛阳龙门，在此之前，我看过龙门石窟大佛的印刷图片（图 0-1）。等到了龙门奉先寺亲眼看到真迹时，我惊叹不已，原来这座大佛是残像，手与脚已塌毁无存，仅剩下头部和躯干。我曾在画册中无数次遇见它，一直以为是一尊完美的佛像，它浑然天成的神韵占据了我的思维，使我获得一种圆满和完美的艺术审美体验。这让我非常震惊，原来艺术神韵的饱满，可以令人忽略其形体。这是我第一次领悟到"传神"两个字的含义，神韵是高于一切的。

告别龙门石窟，我坐了一段火车，转到了黄河北岸，到达离洛阳不远的山西芮城永乐宫。永乐宫是元代道观，其中最著名的是壁画（图 0-2），以三清殿的壁画最为精彩。我不满足于走马观花式的浏览，在这里临摹了半个月。现在仍然清晰记得，当时临摹者每天要交 0.4 元的管理费。虽然经费紧张，但我深知这个钱花得值。

大殿里没有画板和画架，我就将稿纸铺在地板上临摹。壁画中每个人物尺寸都接近于真人大小，有的甚至比真人大几倍。最让人不可思议的，是画面上那一根根粗长的线条，浓黑墨重，却演绎得气韵生动，交错有序。线条不像是笔墨描上去的，更像是用钢鞭抽上去的，产生了如烙印般的深度视觉空间。我猛然领悟到中国绘画艺术中线条造型的塑造表现：线条不仅能完成形体的体积空间塑造，其本身就独立地完成了自我的表现

图 0-2 永乐宫壁画 元代

空间。

　　继续西行，我来到了古都西安，参观了西安博物院、西安碑林、汉代霍去病墓的石雕、章怀太子墓的壁画以及秦始皇陵兵马俑。越看我越坚信，中国传统艺术确实还有大量的领域值得深入

地学习和研究。

坐火车向西经过嘉峪关和柳园，再转汽车便到了敦煌县城。休整一天之后，我搭车到达了此行的目的地——莫高窟的敦煌文物研究所。段文杰所长安排美术研究室的关友惠主任接待我，还专门指派一人为我开放所有艺术价值较高的洞窟（图 0-3）。当时，我主要想做三件事情：首先是观摩壁画和雕塑，对敦煌各个朝代的洞窟艺术形成一个初步印象；其次是了解以后的工作内容；最后是试验自己能否适应敦煌的气候、饮食和生活习惯。

我的身体从小羸弱，在敦煌遇到的第一个挑战就是水，因为当地的水含氟量太高，外来人没有适应的话，喝了容易腹泻，连吃药都无济于事。

我问当地人："怎么样才能不拉肚子？"

他们笑着对我说："你就别管它，一直拉，拉到后面自然就好了。"

为了测试一下自己的肠胃承受能力，我和研究所的工作人员一起用餐，一起饮水。结果第二天一早，我就开始拉肚子。每天要拉好几次，十分难受，身体越来越虚弱。莫高窟现尚存有壁画和雕塑作品的共 492 个洞窟，我用最快的速度和最大限度的身体耐力看了 15 天,终于粗略地将最有价值和代表性的洞窟看了一遍。

等到了第 16 天，当地人的经验终于灵验，我已经不再腹泻了，研究所的人都说我适应了。更令人高兴的是，我看完了从南北朝至元代约 1000 年的代表性洞窟，看到了各个时代清晰的艺术风貌

图 0-3 莫高窟外景

在敦煌莫高窟交融、演变，最后成就了汉民族的绘画艺术风格。整个过程就是吸收外来艺术融入本民族传统的经典范例！敦煌壁画中奔放而又寂静的色彩令我振奋和折服，这正是西方艺术现代派所奋力追求的高峰。

改革开放之初，有一大批学者、艺术家开始关注中国传统文化艺术。在考察期间，我遇到了中央工艺美术学院（现并入清华大学，更名为清华大学美术学院）一位叫裴沙的前辈，正在敦煌参观学习。他认为敦煌的艺术非常有价值，值得认真研究，只可惜偏处一隅，交通不发达，来往不方便。

有一天，他对我说："明天一早我要回北京了。"

可就在与他告别之后的第三天，我居然神奇地又碰见了他，便好奇地问："你不是应该昨天就走了吗？"

裴老师说："是的，我昨天从敦煌到了柳园火车站，想想觉得不对劲。来一次这么困难，这么辛苦，我才看了一个多礼拜，很不过瘾，还有遗憾，所以我又从柳园返回莫高窟，打算继续看几天。"

这件事给我的印象非常深刻，大家开始意识到敦煌莫高窟是中华文化艺术之瑰宝，但由于受环境条件的制约，还难以系统深入地学习与研究。

在莫高窟待了半个多月，我开始计划自己的返程。离开那天，我向美术研究所的老师告辞，段文杰所长将我送到了大牌坊，并殷殷嘱咐，我答应他一定会回来的。

回到杭州后，我前思后想，敦煌拥有这么丰富的艺术资源，如何才能让国内外的学者、艺术家更方便地前往学习研究？我突发奇想，是否可以在敦煌创建一所艺术进修学院：一方面不增加研究所的学制和学历申请麻烦；另一方面不论学员专业，以美院进修班的形式来管理。学习以观摩洞窟为主，内容各取所需，时间可长可短。敦煌文物研究所灵活收取基本费用来安排工作人员，研究所的专业研究人员业余时间也可兼任教学老师。

我在浙江美术学院进修完毕后，回到原工作单位福建省长汀县文化馆，便开始准备申请调动工作的相关手续。同时，基于以上构想，我写了一封长信，向文化部建言，在敦煌建立一所艺术进修学院。我老家有一位退休的老红军叫谢正标，当年走过二万五千里长征，他知道这件事后，说这封信可以交给他，由他直接转送中央。没有想到的是，我后来真的收到了中共中央办公厅信访局和文化部朱穆之部长的批复（图 0-4）。

那个年代办理工作调动手续比较麻烦，要求"三证"同行，即先要有调往单位的"接收证"，还要有原单位的"工作证"，最后办理"户口迁移证"，并根据"户口迁移证"托运家具及行李。办理这些手续的过程中，还遇到了一点小波折，我原单位的上级部门和地区文化局想让我留在家乡工作，地区文化局的局长扣留了我的"三证"，希望我回心转意。但由于我的坚持，最终还是说服了他们。

那时候的生活很艰苦，实在是经不起折腾，而我选择从江南水乡跑到沙漠戈壁，不只折腾，动静还闹得有点大。最不好开口说服的是年迈的父母，他们知道我从小就身体不好，不想让我去离家万里之遥的敦煌长期工作。以前我出远门，母亲都会高兴地送我，还用"好男儿志在四方"勉励我，可这一次她却哭了。身

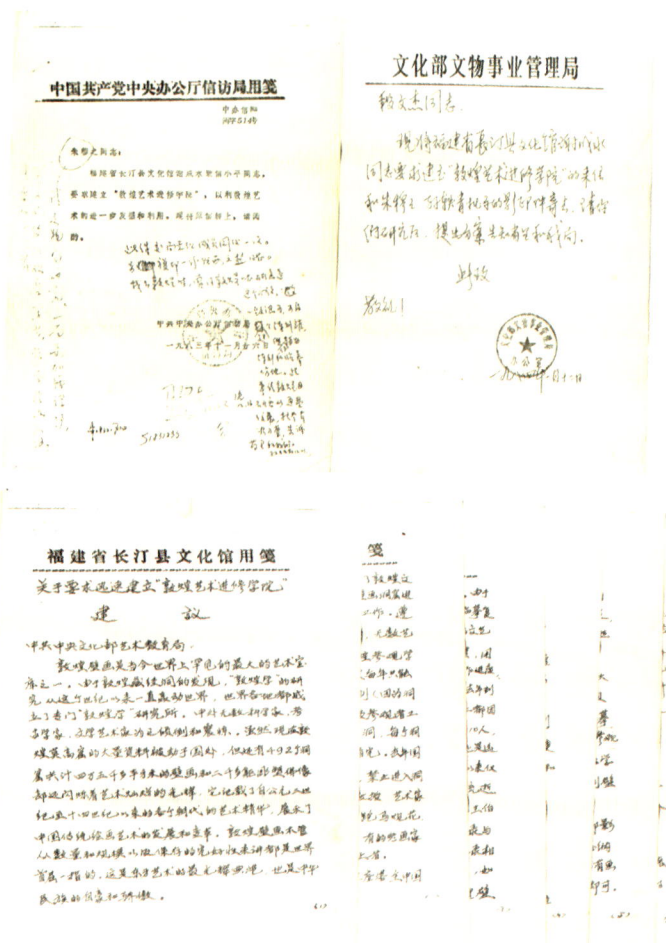

图 0-4　作者写给当时文化部的建议信及收到的批复

边的亲朋好友都认为我不适合去敦煌，大家好言相劝，竟无一人支持我的决定。可是我去意已决，因为内心的渴望一直在蔓延生长，想要与敦煌艺术长相见、长相知。

那年中秋节前，我去北京看画展路过南京，想着在去敦煌之前，顺道看望一下中国绘画史论家、美术教育家俞剑华先生的夫人——俞师母。

吃饭的时候，我告之自己要去敦煌工作的事情，她马上阻止："不能去啊。俞先生生前说过，那个地方的水喝了会拉肚子。"

我说："我知道，而且已经拉了半个月。"我将自己在敦煌的所见所闻以及执意要去的理由告诉她，并讲述了自费考察的经过。

俞师母还是坚持："不行的，你身体会吃不消，那边太苦了。"最后各说各有理，没有定论。

当天晚上我和到访的另外两位客人都住在了俞家。第二天我与她们一一告别，准备回福建了。另外两位客人中的小妹正好在火车站附近的一个商场上班，所以她领我去坐公共汽车。在路上，她突然对我说了一句话，令我感慨万千又惊喜万分。

她说："为了艺术，您想去敦煌，就应该去！"

我反问："为什么？"

她说："没有为什么，我只是认为想好要做的事，就必须去做，至于成功与失败是另外一回事。"

"好哇！"我喜出望外，我竟然有了一个支持者。我告诉她，我一定会去敦煌的。

她告诉我她姓华，叫华文艳，另外一位是她的二姐。

我问她："你多大啦？"

她说："20。"

"不像！"

她的脸红了一下，马上改口："其实只有19。"

因为在俞家的那天早上，我有拍的照片要寄给她，便交换了联系方式。到了火车站，我排队临时签票，她帮我看行李。等票签出来，仅剩3分钟就要开车了。我们匆匆互道一声"再见"，我便冲进检票口，连一声"谢谢"都忘了说。

回到了福建，我将洗出的照片寄给她。一个星期后收到她的回信，还附有一张50元钱的汇款单。她说我去敦煌一定用得上，她自己暂时没有什么要买的。在当时，她的月工资仅仅32元，每个月留5元的零用钱，其余全部交给父母。我非常感动，异常珍惜这份情谊，后来我们恋爱了。

差不多花了近半年的时间，我才将去敦煌的行李准备就绪，主要是赶制了一套家具。那时候的搬家才是真正的搬家，桌椅、床、柜子都要自带，因为没有家具店，每家每户的家具都是向政府申请批条来买木头，然后请木匠定制的。打包时我尽量把需要的用品都带上，最后竟有大大小小18件行李。

1984年10月，我从福建出发先到了南京，火车需要在这里中转西行，更重要的是和华文艳告别。

在站台上，她低声问我："这就真的走了？"

"嗯，真的走了。"

"如果在那边你身体吃不消，怎么办？"她还是有点担心。

我坚定地回答："不管怎么样,我都要'看见敦煌'再说！"（图0-5、图0-6、图0-7、图0-8）

图 0-5　作者初到敦煌莫高窟

图 0-6　1985 年作者在敦煌临摹敦煌壁画时的工作照

图 0-7　1986 年 10 月 2 日作者在敦煌拍的结婚照

图 0-8　1989 年作者在临摹莫高窟第 220 窟西龛顶壁画时的工作照

第一章

敦煌壁画

线与色的流光溢彩

敦煌壁画中的线歌笔舞

到了敦煌后，我想起马德老师曾说过全国有 34 个画画的人报名来莫高窟工作。

我便问研究所的同事："这次来了多少人？"

他们告诉我："没有呢！就来了你一个！"

"还有一个人来看了一下，上午来的，下午就跑掉了。"

我一下就愣住了，原本我要拿出"三证"去报到，听他们这么一说，我就想是我的脑子有问题呢，还是其他人有问题。

我马上问关友惠主任，能不能让我再看看洞窟，他叫人交给我一把万能钥匙，除了特级洞窟之外，其他洞窟都可以打开。我带上笔记本，按编号挨个地看洞窟。我急需再次核实一下，这里是否值得我留下来长期工作。

我看洞窟的速度非常快，有的洞窟破损严重，就花几秒钟瞥一眼，在笔记本上画个记号，继续看下一个。我花了一周的时间看了大概300个洞窟，再一次感受到敦煌艺术的精湛，完全值得我长期研究。我义无反顾地留了下来。我来到人事处，拿出"三证"正式报到，签订的聘用合同中要求我必须留下来工作5年以上。

1985年开春，敦煌文物研究所要去日本举办敦煌壁画展，需要临摹一大批作品，大家都已经分配好了任务，仅剩下一个第296窟没有人接手。因为我是刚到的新人，就分配到了这个洞窟。

临摹的时候，我发现这个洞窟很奇怪。它的线条比色彩还多，色彩只是一种标记性的出现。我是学油画的，这种以线条为主的洞窟对我来说很难画。同时心里冒出一个疑惑：这个第296窟用线条就完成了画面的空间构成，到底是怎么做到的呢？于是我从第296窟出发，将多年来关于线和线条变化的心得整理出来。

敦煌的佛教艺术源自印度。就莫高窟而言，留存下来的10个朝代的艺术，不仅有印度艺术的成分，而且呈现了中国艺术在这里形成和演变的过程。

一、印度线法与中国线法相融合的早期艺术

印度佛教和佛教艺术传入中国后，在南北朝时期迅速蓬勃兴起，经历过秦汉鼎盛时期的汉民族文化，一时之间受到了佛教艺术的巨大冲击。敦煌莫高窟就是在这一时期兴建的。

图 1-1 莫高窟第 254 窟塑像 北魏

据考证，莫高窟最早为公元 366 年开凿。从莫高窟北魏第 254 窟的弥勒佛塑像（图 1-1）可以看出，汉民族艺术家对外来艺术的表现形式感到某种压抑和无所适从，只能一味模仿，形象及服饰大多仿照印度的样式，"依样画葫芦"的塑像与印度笈多王朝时期的装饰线法塑造（图 1-2）一模一样。尽管如此，中国艺术家并没有忘记自己的民族艺术语言，率先在绘画上改变了印度艺术的线法，将其融入了汉民族绘画语言，并获得了成功。

印度绘画中的线法是装饰线法，即以形为主、线为辅的造型方法，其晕染与西洋绘画中形体的明暗塑造相似（图 1-3）。晕染不仅依形体块面而染，而且还有浓淡渐变的层次。但印度绘画中的明暗表现又不似西洋绘画那般明显和重要，所以必须用线条加以辅助来表现形体，线只能服从于形体，本身无法独立表现情感。而莫高窟早期开凿的北凉第 275 窟壁画中的人物造型，身上（手指、胸、脸部等处）的细线画法虽然也是模仿印度的线法，但这些细线都是用中国毛笔画出的具有丰富情感的线条。更令人感兴趣的是，人物身上沿形体细线而画的粗黑线（原为淡红色，由于当时的红色颜料中含有铅，经氧化而变黑），是一道晕染线。它完全不像印度绘画

图 1-2 印度马图拉（一译"秣菟罗"）造像风格 笈多王朝时期

图 1-3　印度阿旃陀石窟壁画　约公元 2—4 世纪　　　　图 1-4　莫高窟第 275 窟壁画　北凉

是块面的晕染，而是变成了一道线，一道用中国毛笔画成的线（图
1-4）。用笔起止洒脱，行笔粗犷有力，充满了中国绘画线条的情
感。莫高窟早期艺术中也曾出现过类似印度的装饰线法，但面积
很小，仅在北魏第 254 窟南壁的《萨埵（duǒ）太子舍身饲虎》图
中的三位太子身上出现，线条硬而细如发丝，凭肉眼才能在原画中
看见，这可能是使用从印度引入的工具画的。汉民族画家无法接受
这种画法，所以在同一幅画中改用较粗的中国线法来勾勒。印度装
饰线法在之后的壁画中也未曾再出现过。

　　由于印度线法和晕染改为中国线法的成功，这种表现方法
一时间充满于莫高窟早期的壁画艺术之中。然而，早期的艺术家
们并没有感到满足，因为在这些形体的塑造中，虽然用中国的毛

笔画出了带情感的细线，但形体上的细线仍受装饰线影响，线的表现受到压抑。而且画完形体细线之后，还要再画一道晕染线，这对汉民族的"线即是形，形即是线"的艺术审美来说显得繁琐累赘。

到了西魏时期的莫高窟，出现了用土红线造型的线法。在此以前也曾出现过土红线，但仅做起稿之用。莫高窟西魏第 249 窟窟顶北披下方狩猎图中的野牛（图 1-5），全用土红线造型，不设色，笔法写意流畅，富有变化，造型生动逼真，可以看出作者当时是一气呵成。毫无疑问，这完全是汉晋时期画像砖（图 1-6）的绘画线法和造型，画者在这里用汉代线法做最初的探索。另外该窟的一些树干树叶的画法也采用了汉代绘画的笔法，都采用画像砖上常用的土红线来勾画。汉代线法的运用，使西魏以后的线法和画面有了大的变化：造型线条多用土红线，一次勾勒成形；线条转向粗壮并追求书写的变化；画面底色大都采用白色，使土红线

图 1-5 莫高窟第 249 窟壁画 西魏

图 1-6　墓室画像砖　汉代

和色彩高度明朗。这种背景设色的画面也是汉民族喜爱的一种表现形式，在第 249、285 等窟中也能看到（见前图 1-5）。

西魏时期的绘画，在用土红线勾完形体之后，设色加彩，最后根据画面的需要，用墨线勾点眼睛或衣纹，或提神，或醒线。这一种画法与前朝明显不同。这一时期还出现了不晕染的人物造型，类似汉代以前的"素面"人物画，同时，出现了一种不同于前朝的新的晕染形式。

在西魏以前人物晕染是依形体的低处而染，高处不染，即"染低不染高"的"低染法"，画史上有人称之为"凹凸法"（见前图 1-4）。新晕染法正好相反，只染高处，不染低处，在人的颧骨、上眼睑、额角、下颌等高处染一块淡红色，这种新的染法称为"染高不染低"的"高染法"。

这一时期往往以上三种染法同时出现在一个洞窟之中，说明艺术家们审美心理的不定，也看到艺术家们在做多方面的尝试和探

索。这种不晕染的"素面"（见前图1-6）和"染高不染低"的晕染
都符合汉民族的审美习惯，在酒泉丁家闸五号墓出土的十六国时期
的西王母像，脸上颧骨高处就出现"高染"的红色晕染。另外，在
西魏时期的人物形象和服饰上，出现了不少汉民族形象及当时汉地
的服装（图1-7）。尽管它与外来的形式混合表现，但仍说明了这一
时期的绘画艺术正在努力地向着汉民族的审美回归。

图1-7 莫高窟第285窟供养菩萨 西魏

二、北周时期中国线法的形成

西魏时期，艺术家们利用土红线造型摆脱了印度式的装饰线和晕染线相结合的表现形式，使中国线法有了新的表现。但由于没有摆脱前朝色彩的约束，使得土红色的造型线条受到新的困扰。因为艳丽的色块覆盖在土红线上，加上色彩多得"面面俱到"，使得土红线处于次要的地位。

在中国绘画中，线表现一切，线的表现应该排在首位。艺术家们心中的渴望和追求，终于在北周时期的艺术中实现了。特别是北周第290、296等窟的绘画，作者仍采用土红线造型，大胆地舍去了许多形体上的色彩，留出了线的表现（图1-8）。线在这里表现得激越而舒坦，无拘无束地展现了线的艺术世界。这些线起笔时藏锋稳健，行笔时中锋敦厚有力，收笔回势明显，线条肥壮，首尾粗细统一。这种"笨拙"的线法与汉字大篆的书写笔法是一致的。线在这里不仅完成了对形体的塑造，而且体现了线本身的情感。

为了体现线，会留出大量的形体"空白"不设色，即使设色也是根据画面需要来铺置，甚至这些形体上的色块几乎都画成了抽象的色彩符号。用线来联结这些色彩符号，使宁静的色块与有运动方向和情感的线形成对比。所以，尽管色块艳丽浓重，线造型仍不失主导地位。这是艺术家对整体创造的高度把握。由于色块的减少，线条肩负起表现形体体积和空间的任务。

形体由于线的张力充分地显现了重量感，线也表现了塑造块面的能力，如第290窟佛传故事中的3个菩萨（图1-9），脸上、身上及四肢的肤色的用笔，都是由线的符号组成（原为淡红色，现因氧化变黑）。这不仅完成了色块的塑造，又表现了体积的厚度。这时的人物形象也采用了"染高不染低"的晕染法，在脸部、身上及手脚的高处都一一晕染（亦因氧化变黑）。这些晕染用笔随意，挥洒而过，与其说是晕染，不如说是笔、是线。

为了用线来表现空间，画者在勾完第一遍土红线后，刷上一层白底色，然后再用土红线勾画。后一次勾的土红线是根据整体需要来画的，有的交错进行，有的保留底层线不重勾。刷过白粉底色的土红线与后勾的土红线自然形成了浓淡两个层次，从而巧妙地塑造了体积空间，这种"线加线"表现空间的方法实在令人叫绝。特别是用这种方法表现的树木丛林，线条远近交错有致，无限的空间层次铺展。线在这里演奏着"二重唱"。

北周第290、296窟出现了中国画史上少有的艺术"减法"，即把不需要或不协调的线条用白粉覆盖，从而更加突出线的表现。这为线造型的中国绘画开辟了新的表现方法。绘画艺术的"减法"，在西洋绘画中常有，但因为中国绘画材料的性能不同，很少有人用到这种"减法"。

在北周第290、296等窟中，为了突出人物或动作，或由于线条过密等阻碍了视觉的整体表现，画者用白粉大胆地对许多线条做删除或减弱的处理。如佛传故事画中这个披着大袍的骑者（图1-8），由于大袍袖管同时出现了四条平行线，显得平板无生气，所以，画者用白粉将四条线做了减弱处理，使之成为一个整体块面。如北周第290窟佛传故事画中的这片树林（图1-10），树枝交叉处线条过密，画者用了一笔白粉盖去，树林显得朦胧幽远。这里有许多人物的双脚也用白粉盖去，

图 1-8 莫高窟第 290 窟壁画 北周

图 1-9 莫高窟第 290 窟壁画 三菩萨 北周

图 1-10 莫高窟第 290 窟壁画 树林 北周

图 1-11 莫高窟第 303 窟壁画 隋代

使腿以上的形体变成了装饰画面的抽象符号。画者把人物当作装饰景物来画，这种被认为现代绘画才有的构成意识令人惊叹。

北周时期第 290、296 等窟的艺术，不仅为佛教艺术中的中国线法的形成做出了巨大的贡献，而且为后来者展现了中国线法表现体积、空间、色彩等的能力。线条表现了自身，在画面中既有独立性，又有整体的统一性。这种汉民族审美意识的省悟，使得莫高窟艺术从此大踏步地走向中国绘画风格。这并不是说北周时期复制了汉时期的艺术，而是经过了北凉、北魏、西魏几代人的不懈努力和探索，从形象、线条、色彩等方面走出了一条适应佛教艺术的新道路。特别是色彩方面，将外来的佛教艺术色彩巧妙地结合并统一在中国线法之下，这一点对后来产生了巨大的艺术影响。

北周第 290、296 窟的艺术，创造性地发展了中国线法，引起了同时代艺术家的共鸣。莫高窟这时期出现了许多近似的表现方法（北周时期也有少量前朝画风），如第 299、301、428 窟以及北周末期隋代初期的第 302、303 等窟（图 1-11），特别是第 302、303 等窟，仍沿用了第 290 窟勾完土红线后再刷上白粉底色，塑造双层线的方法。莫高窟这一时期的绘画艺术呈现了一个崭新的面貌。

三、隋唐时期中国线法表现的鼎盛

北周第 290、296 窟形成的中国线法，不仅影响了同时代，而且深深地影响着之后的艺术。到了隋代，这种线法的表现形式得到了较普遍的发展。隋代艺术家彻悟到中国线法表现的要领，开始用北周第 290 窟的造型方法，创作出真人大小的菩萨形象（北周第 290 窟的人物很小，仅约 15cm 高）。隋代的第 276 等窟出现了真人大小比例的壁画（图 1-12），也采用土红线造型，线条粗而长，挺拔有力，人体肌肉部分施以白粉，衣带设色也更多留出线的表现，保持了以线为主的造型特色。这一时期涌现了一大批类似表现手法的壁画艺术，如第 298、313、314、394 等窟。

但由于这种线法造型的画面色彩偏少，于是隋代又出现了一部分画家，试图将北周以前的色彩结合到这种线法上来。他们仍然用土红线造型，并用北周形成的粗壮有力的中国线法，设色

图 1-12 莫高窟第 276 窟壁画 隋代

明显增多，如莫高窟第 305、390、397、402、419 等窟（图 1-13）。尽管这些洞窟的色彩已经达到了无比瑰丽的程度，但土红线的表现如同西魏时期一样，再次被色彩淹没了。这种历史的反复在艺术创造中是常有的事。

怎样才能让壁画既有情感丰富的线条，又有艳丽多彩的颜色，使线的表现立于色彩之上呢？唐代的艺术家们总结了前人的成功与不足，悟到了线与色二者之间的深机妙理，他们用改变造型线条的色彩和浓度的方法，使线与色的矛盾得到了突破性的解决。在唐代初期，艺术家首先改用浓重沉着的朱砂色勾勒造型线，朱砂色不仅厚重而且色泽亮丽，能在众多艳丽的色彩之间不失其色。与此同时，也出现了浓墨线、淡墨线与朱砂线相结合，土红线与淡墨线相结合，以及淡墨线与浓墨线相结合等几种造型线法。不

图 1-13 莫高窟第 419 窟壁画 隋代

图 1-14　莫高窟第 79 窟壁画　唐代

管哪一种线法，都是以在画面上突出线的表现为目的的。这些线都是采用莫高窟北周第 290、296 窟形成的中国线法，线条粗壮肥美，用笔钝厚有力，所以在色块中仍能保持其情感表现。如莫高窟初唐时期的第 79、220 窟壁画，采用淡墨线起稿，后用朱砂线重勾，所以画面色彩虽然鲜艳繁杂，但仍不失线造型的主导地位（图 1-14）。又如初唐时期莫高窟第 57 窟北壁以墨线造型的绘画，都非常充分地体现了中国线法表现的情感（图 1-15、1-16）。

中国线法在色彩上实现了突破，线已经远远不满足于形体轮廓线的表现范围，开始进入色块的表现。在唐代的画面中，出现了各式各样的由色彩线条塑造的形体，如云彩、装饰纹样等，特别是一些璎珞首饰及莲花宝座，用好几种色线层层画出，塑造了一个彩色的形体。这种"线加线"的塑造方法，又比北周时期的表现更进了一步。唐代线法也如同北周时期一样，多用中锋行笔，笔法粗犷有力，圆润厚实，不同的是，唐代线法收笔多为渐收之势，显得挺拔犀利（图 1-16），不似北周的"即止即收"的大篆钝厚收笔法。

另外，唐代线法出现了多种变化的形式，有的线条起笔处很细，采用"空中落笔"的书写笔法画成，有的线条两头细中间粗，人称"兰叶描"（图 1-17），多用于画眉、眼、衣纹的线条……

唐代线法在画面上的制作极其严谨，一般采用画两遍的方法，第一遍用较淡的线作为起稿的造型线，第二遍用较浓的线，但并不是"面面俱到"，是以画面的需要为原则。在唐代，艺术家往往喜欢用朱砂或土红线重勾表现人体肌肤的线，用浓墨线重勾衣

图 1-15　莫高窟第 57 窟壁画　唐代

图 1-16　莫高窟第 217 窟壁画　唐代

图 1-17　莫高窟第 217 窟壁画　唐代

纹线，使画面色彩产生更丰富的变化。这种将线分成浓、淡两遍来画的线法，与北周第290等窟将土红线刷过白粉后又勾土红线的方法和表现意图是一致的。唐代线法对色彩的主宰，色彩对线的服从和统一，使线与色二者之间均可无拘无束地尽情发挥和表现，从而造就了唐代艺术的辉煌和伟大，使中国线法和色彩的表现达到了一个空前的艺术高峰（图1-18）。

唐代艺术的强盛，并不是单一的、不变的表现形式，而是在不断创新、不断变化、不断追求新的表现形式下展现时代风貌。正当唐代绘画的线法和色彩表现登峰造极时，另一部分画家又试图打破这种完美，从另一个角度寻找新的艺术出路，如以莫高窟盛唐时期第103窟壁画作者为首的一批画家（图1-19）。

莫高窟第103窟东壁的维摩诘（jié）经变画和北侧文殊菩萨等人物画，大都是以单独的墨色线来表现，颜色用得极少。这对当时色彩富丽的唐代壁画艺术而言似有"格格不入"之感。从造型线条及布局等功力来看，这些壁画应出自当时的一位绘画高手。他也许窥视到单纯的墨线可以表现一切的意境，性能活泼的水墨是记载情感的最好颜料，因此在这里做一种试探性的表现。

这里的线法仍与唐代的双层线法相似，即第一遍用淡墨线起稿，第二遍用较浓重的墨线重勾或作点醒提神之笔，但这第二遍线是用带写意的笔法画成的。如图中维摩诘额角上的线法，是用笔的侧势依形体起伏转折随意写成。由于笔法奔放洒脱，出现了"飞白"的书写效果，这个维摩诘的额角的线看上去"断"了两处，

图 1-18 莫高窟第 328 窟壁画 唐代

图 1-19 莫高窟第 103 窟壁画 唐代

但气势连贯，加上底层还有一层淡淡的墨线，所以形体显得十分浑厚。而且作者已开始领悟"笔"在画面上的功能，如维摩诘（图1-19）右肩的一条长线，依靠笔的功能，画出由笔产生的"抑、扬、顿、挫"的变化线条。"笔即是线，线即是笔"的审美意识，为后来的水墨画大为推崇。

唐代第103窟的线开始注意到"水"在墨中的作用，即利用毛笔中水分的多少，画出有浓淡变化的线条。该画中第二遍线是用笔尖处浓、笔肚中淡的笔法勾勒的线。从线条起笔处的积水和外渗的程度，可见笔中的水分饱满。另外从维摩诘腰带上的墨点浓淡渐变的节奏，也可以看出笔中的水分含量比较高。所以，这幅画虽为线描，仍令人感到水汽淋漓。

之前的绘画在一笔画出的线中大都不求浓淡变化。不管是色线或墨线，一般都先调好色或墨后统一勾勒，勾淡线时不蘸浓墨或水，线的首尾浓淡差不多，只有粗细或干枯之分，一笔之中出现浓淡变化的很少。第103窟作者用水墨线法组织了这个色调高雅、形象生动、令人耳目一新的画面。它的成功，无疑吸引了同时代画家的目光，许多洞窟画中的线条开始追求浓淡变化。如莫高窟第444窟西龛的比丘头像（图1-20），利用线的浓淡轻重表现了形体骨骼的起伏变化。还有莫高窟盛唐时期的第43窟南壁观音普门品画、中唐时期的第225窟东壁下方的女供养人（图1-21），以及第9窟中心柱西面向的白描画中的线条（图1-22），都明显地追求线条本身的浓淡变化效果。第9窟的人物画，已经很熟练

图 1-20 莫高窟第 444 窟壁画 唐代 图 1-21 莫高窟第 225 窟壁画 图 1-22 莫高窟第 9 窟壁画 唐代
供养人 唐代

地画出了毛笔在运转中自然产生的粗细变化的线，"笔"在线中体现得很充分，展示了单纯水墨线法表现一切的能力，进入一个水墨画的世界。

莫高窟第 103 等窟的绘画有其十分重要的意义，它不仅为唐代辉煌的艺术增添了一朵奇葩，而且为后来的水墨画艺术的兴起提前打开了一道艺术之门。

四、宋元时期线法的发展

唐代绘画在线和色彩上表现的绝顶高峰，使得唐以后的画家有点"日暮途穷"之感，但他们很快从唐代绘画中萌芽的以单纯墨线为表现手法的形式中看到光明，在宋代形成并兴起了文人水墨画，为中国绘画开辟了另一条新的艺术道路。

也许由于水墨画多用纸、绢作画，水墨画在中原地区的兴盛，对五代、宋朝前后的莫高窟壁画艺术影响不大。这一时期的洞窟绘画仍运用唐代线与色相结合的艺术表现形式，但也出现了一些艺术变革，比如用土红线再次勾成形体线，色彩做许多减法，不过都没有冲破前人的樊篱。这一时期的山水画中的线法有了新的进展，线法依形而用"笔"画出山的形体转折，线条有粗细、浓淡等各种变化，特别是利用笔的顿挫画出了山形坚硬锐利之感（图1-23）。这一时期还出现了皴（cūn）染形体的笔法。

到元代，水墨画的线法及其表现形式才正式影响到莫高窟。如莫高窟第3窟以及榆林窟第3窟等以墨线为主的表现形式。这时的线条与唐代第103窟维摩诘的线法有许多共同之处，如线条用墨来勾勒，用色比较简单，线条采用两遍画成的方法。但这时的线法更注意浓淡变化和转折的停顿，使形体的转折处线条变化

图1-23 莫高窟第61窟壁画 五代

多端，特别是衣服飘带与饰品的画法，不仅有粗细起伏的用笔变化，而且非常注意线条在物体的前后空间以及主次的表现，即近处物体的线条用笔都比较浓重粗大，次要的及远处的线条比较淡而细（图1-24）。另外，不管浓线还是淡线，笔中的水分都大大地增加了，线的浓淡变化更为生动自如。

与此同时，在壁画中又出现了另一种造型线法，该线法仍以墨色勾成，且多用较浓的墨，线条不求浓淡的变化。这一点与唐代早期线法相似，但特别强调起笔的效果，起笔以侧取势，锋转停顿后，转中锋行笔，收笔作渐提收势，力送尾部，不留明显回锋之势，有明显的"钉头鼠尾"的效果。这种线条挺拔有力，造型严谨，布局匀称工整，疏密穿插自然贴合。以上两种线法造型都已不太注重色彩，而是保持墨色清淡高雅的画面，线完全走向独立表现的水墨线法世界。这两种线法一直沿用到今天的绘画之中（图1-25、图1-26）。

元代的敦煌艺术中还有一种线法，这是一直受到印度佛教后期艺术影响的西藏佛教密宗艺术。密宗艺术传入敦煌地区后，汉地画家采取了两种表现手法：一种是如上述的莫高窟第3窟的画中，用中原的水墨线法造型；另一种就是保持了印度《佛说造像量度经》的造型规则的壁画

图1-24 莫高窟第3窟壁画 元代

图 1-25 莫高窟第 61 窟壁画 元代

看 见 敦 煌

图 1-26　人物图　任伯年　清代

图 1-27　莫高窟第 465 窟壁画　元代

艺术，线法用一种极其工整而细小的墨线来造型（图 1-27），线与线之间交接严谨，许多形体都是用无数的线表现构成的。尽管这些线条极细，但仍不是印度式装饰线法，线仍然承担着表现形体的重任，同时也注重线的情感表现。这是汉地画家把西藏、印度艺术融入中原绘画所产生的一种风格。这种带有外来成分的表现形式也许不符合汉民族的审美习惯，所以并没有在汉地流传下来，只有西藏的唐卡艺术保留至今。元代艺术虽然是莫高窟十个朝代艺术中的最后一个，但它在中国线法的追求和发展中做出了应有的历史贡献，为莫高窟艺术绽放了最后一道耀眼的光芒。

敦煌艺术展现了古代艺术家们对艺术追求的探索和付出的艰辛努力，以及孜孜不倦地对自己民族艺术审美的追求。不管是对外来艺术的吸收与融合，还是对艺术本身的创新和变革，他们始终让民族特有的精神之魂——汉字书法和绘画共有的具有丰富情感表现的中国线法，时时处处地体现在他们的作品之中。每当中国绘画大变革时，艺术家们都会首先放弃色彩或形体表现，突出线的表现，在线得到充分完美表现之后，才进入其他表现内容。莫高窟北周时期与盛唐时期第 103 窟以及宋代水墨画，始终把线放在表现的第一位。由于中国线法的重要和表现的特性，宋代的艺术家最终悟到了中国线法可以表现一切的天机，创造了文人水墨画。经过元、明时期的发展，特别是明代中期至清代初期水墨画的突破，中国线法在水墨画的表现上又出现了一个绝顶的艺术高峰，经久不衰。然而，时代在前进，艺术更需要不断创新，对古代艺术的了解，是否对我们今天的水墨画创新和突破有所帮助或启示呢？

藏在线条中的
"点"的秘密

在临摹敦煌壁画之后，我发现了一个新问题，即形体结构要点总是确定不了位置，特别是形体转折的部分。我只好按照西洋绘画的结构方法先画出转折面，再勾成线。这时我才发现西洋绘画中的转折面由两个点构成，而中国画中的转折面只需要一个点，而且这个点隐藏于线条之中，但我们必须在画的时候能感知到它。

根据几何学的点、线、面、体的定律，线由点产生，面由线产生，体又由面产生。也就是说，点是形体的最小的构成单位，而且是必不可少的基数。点的运动产生线，线是点的延伸，没有点就没有线。

中国的造型艺术以线为表现符号，但西方艺术观点认为，现实世界的物体是不存在线的。也许正因为运用了这种现实物体不存在的符号，从而产生了中国的意象艺术。石涛认为中国绘画始于"一画"，"一画"者，线也。这无疑是对中国绘画的高度概括。那么中国绘画是怎样用线的呢？

中国绘画中的线条都要求一波三折，即有起笔、运笔、收笔的表现。在这三个过程的表现中，起笔列为首位，起笔不好，则运笔、收笔也不佳。起笔者，点也。即在起笔时，必须做点状下笔，而且要点得稳健有力，方能往下运笔。可见中国画中的线与几何学中的线的定律相同，线由点产生。不同的是，中国画中的线条是表现形的。这样来看，石涛认为中国绘画始于"一画"的观点并不十分确切，因为在中国绘画的用笔中，点比行笔更重要。

点在艺术中的运用极为广泛，名称繁多，如书法中有向上点、向下点、横点、竖点、长点、短点……在绘画中就更多，不胜枚举。为了便于论述，暂且把它们归为两大类：可见的点及独立存在的点；意念中的点（"意中点"）及蕴藏在线里而又保持点的形状或意态的点。第一类的可见的点，古今书画家论及其多，亦极为详尽，在此不再赘述，这里着重论述第二类的意念中的点。

在中国画中，画家的情感通过线来表达，所以起笔时的点有着极为重要的作用。为了更好地理解，我们先从书法的笔画谈起。在书法中书写横或竖画时，必须先完成书写一个点的全部过程。点又分为藏锋点和露锋点。在完成点之后，才能往下运笔，最后收笔回锋。这样写出来的笔画，起笔处几乎都保留了一个粗大的点的形状，有"钉头"或"蚕头"之称。在"竖"的笔画中，收笔处也会收成一个点的形状，如垂下欲滴的露水，故名"悬露"

笔画。这两种点都非常鲜明地保持了点的形状和表现。

唐代之前的书法起笔多为"露锋",或叫"空中落笔",但也要在毛笔碰到纸"稳住"后再行笔,形成"意中点",由于它的起点与线连成了一个整体,点的形体被蕴藏了一部分,我们只能凭"意会"来觉知它的存在。点的外形不明显,但书写时"意"必须肯定而有力。

"点"是否就此完成了对线的作用呢?不是的。点对线的转折也有极为重要的作用。如在书写"横折"笔画时,写完横笔后收笔停顿转锋向下,做起笔点状后再往下行笔。可见"横折"的转折处蕴藏了一个点,这个点的全部过程往往要由书写者在意想中自然完成。如果没有这个点,横止即下会显得生硬无力,更没有牢靠感。同样在"竖钩"笔画中,先完成"竖"的书写,后做"悬露"状点的书写,紧接着向旁提笔出钩,这里的"竖钩"也保留了一个点的形状。有了这个点的存在,钩变得十分牢靠有力,如焊似铸,力拔千钧。古代书家蒋和则对竖钩有更详尽的论述,认为"竖钩"有 12 个次序,很清楚地表现了起笔和钩处折笔成点的步骤。

书画家们常常讲线的弯度要"折钗股"。试想我们要折弯手中的银器,首先要在弯处用两个大拇指顶住,然后两头使劲。不管用多大的力,弯处总是成弧形,不会成直角,这是由于金属自然产生的韧度和力度。书法和绘画也要求线在拐弯时有金属般的韧性和力度,如书法中的"竖弯钩"和"斜钩"都要求有这种效果。运笔至弯处时力的作用点,几乎完全看不出形状,但它在书写者心中却是一个用力的点,力是无形的,而形的扭曲表现了力和力的作用。类似这样的意中点,在书法中还有,如"撇""捺"

等笔画的转折处，都蕴藏了书写者的意中点。点不仅为一切线条之始，在加强和表现线的气韵和情感时更是起着极为重要的作用。

中国古代的书法大师们无不遵循这些法度来表现书法情感。中国绘画的线法和笔法都与书法相同，故有"书画同源"之说。绘画用线来表现形体，但现实中的任何物体都由面组成，线在现实物体中不存在，这就十分矛盾了。面要变成线，而线也要表现形，应该怎样转换呢？这中间必定有一个转换的媒介符号。

我们先来看莫高窟第45窟唐代壁画中的一个人物形象（图1-28）。这个虽被命名为菩萨，而实为唐代仕女的形象，她的脸部从颧骨至下颌骨形成一条圆形的长弧线，按照人体结构，人的颧骨和下颌骨，即使是胖子也能看见上下左右的转折面。而这里的转折面没有了，只取了颧骨和下颌骨的一个高点，通过这两个高点连成一条弧线。再看莫高窟第254窟的尸毗王（图1-29），他的肩膀浑厚有力，但细看就会发现与现实中的人物肩膀不符。因为人的肩三角肌突出隆起，形态复杂，这里也只取一个点。这些点在造型艺术中被称为骨骼"要点"，连接这些"要点"，线就产生了。同理，连接全身骨骼"要点"，形体就产生了。我们再来看尸毗王的人体比例：肩宽两个头长，手为三个头长，盘腿坐姿为三个半头高，乳头位于从上至下的第二个头高位置，肚脐位于第三个头高位置，都符合正常人体比例。这些大的比例、大的动势、大的结构是传统造型艺术必须遵循的规律。

中国绘画把现实中的形体面转变成线的表现时，必须先把形体的转折面变成点，再由点产生线，点成了形体面转换成线的媒介。所以形体的要点虽然大都蕴藏在线里，看不见形状，但艺术

图 1-28　莫高窟第 45 窟壁画　唐代

图 1-29　莫高窟第 254 窟壁画　北魏　　　　图 1-30　莫高窟第 285 窟壁画　西魏

家在勾勒形体时，心中必须非常明确这些点的正确位置。只有对点的意识强烈，做到"胸有成点"，才能使通过"意中点"的线条正确地表达形体。绘画中的意中点与书法中的意中点是一致的。

　　古代的艺术大师们由于把握了这些艺术造型要领，从而创作出无数美的作品，在他们的时代闪耀着独特的光辉。我们流连在历史的艺术长廊里，发现了如此多姿多彩的莫高窟，顿时赞叹不已。我们沉潜于每个朝代的造型风格，发现在中国绘画中点对线条和形体的变换同样起着极为重要的作用。比如莫高窟早期人物清瘦结实，连接两个形体要点之间的线条弧度小，有的人物身上及四肢的线很平直，所以人物形体偏长瘦形，线中点的位置清楚明显（图 1-30）。到隋代，人物脸形变成正方形，形体的要点并未改变位置，但是线条的弧度变大了，所以形体变得圆实丰满起

图 1-31　莫高窟第 419 窟塑像　隋代

来，四肢也更有肉感。从隋代开始，在人物脸部、腮部骨骼多设了一个要点，耳腮部开始厚实肥大（图 1-31）。到唐代，人物造型普遍偏胖，连接要点的线大多弧度很大，有的脸部成了正圆形，这与唐代的"以胖为美"的审美观有关（见前图 1-28）。唐代把意中点在线中的表现推向了高峰。我们几乎从每一根线里都可以找到一个或多个意中点，就连眉毛和眼线也常出现像弯弓一样的两个转折点。为了使一根线里蕴藏更多的点，线条越来越偏向正圆形的圆弧线，并且常出现连环圆弧线和连环圆弧线的"〇"形体。因为只有在圆形里才能蕴藏无限的转折点。

宋代以后的人物不像唐代那么丰满，线条弧度开始变小，所以线条的力度比前朝逊色。比如眉毛和上下眼线只取了一个转折点，看上去像三角眼（图 1-32）。到元代，线的力度又达到了一个高峰。元代线条虽然很挺直，弧度也小，但意中的转点非常讲究，

看 见 敦 煌

图 1-32 莫高窟第 328 窟壁画 西夏

点的位置显眼而明确，而且数量众多，所以元代的线条显得非常有力而结实。如手指的肉节成了长方形，这是因为强调了指节线中的两个转折点（图1-33）。这一时期开始出现特别强调起笔点的线法，即起笔时有意留下一个特别粗大的点，犹如一个铁钉头，

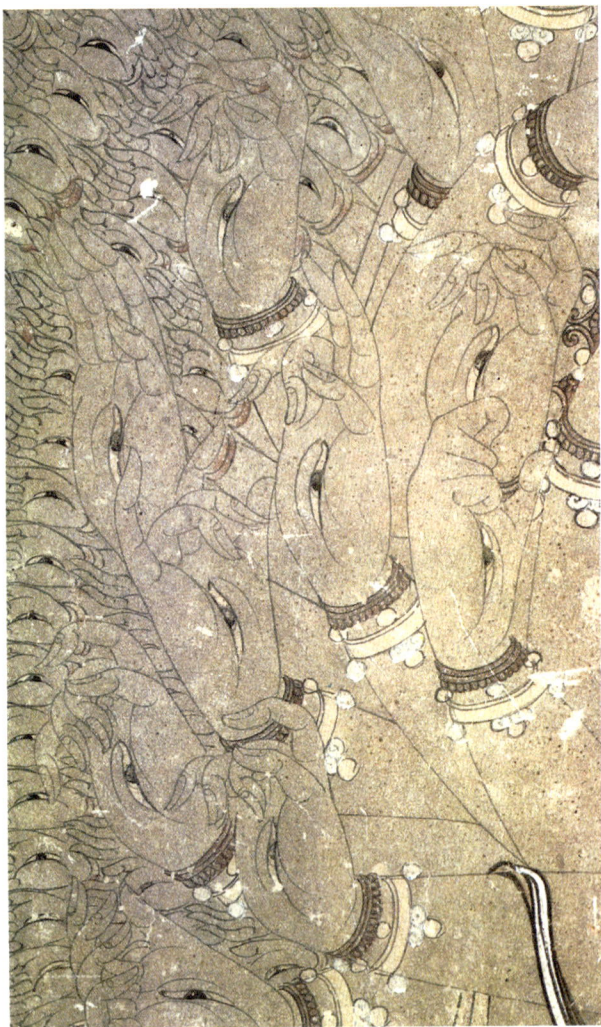

图1-33 莫高窟第3窟壁画 元代

好像特意告诉人们这个点的重要性。这种线法一直影响到现在。

点在人物造型风格中起着固定基本形的作用，而且位置一般不变。这些不变的"要点"把控着线条变化的范围和自由发挥的尺度，赋予了线条生命和力度，使线万变而不离其形。这一点与中国其他石窟艺术以及卷轴人物、山水的造型线法的构成和表现是一致的。

宋代文人水墨画兴起，中国线法有了突破性的发展，线条也变化万千，把中国的意象艺术推向了一个新的高峰。"意"被表现得更加鲜明，点在线中的表现也更加多变。这些蕴藏在线中的意中点大部分被显现出来，使人一眼就可以见到一根线中的各种不同形状的点。如在一根线中要同时表现几个形体转折面，只需要在运笔时停顿或挫转笔锋，即可表现上下前后的形体面。这也少不了生宣纸的作用，是它使这些不易见到的意中点通通暴露出来。在生宣纸上运笔，哪怕是一点点的停顿或转折都能清楚地表现出来。有的画家在画一条直线时，有意无意地让笔停顿，留出许多点，以增加形体的浑厚和力度，同时也使线条富有变化，这在山水画中运用得最多。

在线中使用点，每位水墨画家应该都非常有经验。近年来不少水墨画家运用各种点的画法去塑造形体，这无疑是对意象艺术的发挥做出的一种新的尝试，寻找意象艺术新的表现语言。与此同时，人们不会忘记宋代的点派先驱——米芾，他为我们带来了一个好的开端。

从敦煌壁画看中国绘画中的反透视

1985 年 5 月，我到第 296 窟初次开始临摹窟顶的长条形壁画。研究所摄像与录像部送来了十几张黑白底片，我按照工作惯例，先用幻灯机投影放原大到纸上，然后进洞窟分段用铅笔修成正稿。两个月后画稿完成了，拼接起来量总长度，竟然超出原壁画 75cm。我疑惑这是怎么回事，同事说是因为照相机有透视变形。我当时不知道透视变形会在什么情况下产生，究竟是什么变形原理。

我突然想起唐代大型的壁画里，很多人物、风景是近小远大，难道这就是"反透视"？为了论述方便，暂且将西洋绘画中对物体视觉观察的近大远小的透视称为"正透视"，反之为"反透视"。

我根据视圈原理去测量，发现在唐代的大型经变画中，有正透视也有反透视。我恍然明白，古代近小远大的透视是正确的，是画面超出正常视圈范围所产生的视觉现象。

关于中国绘画的透视问题，北宋画家郭熙提出了比较完整的

图1-34 早春图 郭熙 宋代

"三远"法，即"高远、深远、平远"，一直影响至今（图 1-34）。
人们现在将中国传统绘画的透视称为"散点透视"或"运动透视"，
现代派艺术家又称之为"四维空间"或"多维空间"，即西洋绘画
中的三度空间加上时间空间。当代美术史学家王伯敏先生则在"高
远、深远、平远"的基础上，加了一个"步步观"。他认为中国
传统绘画中还有许多移位的透视画面，这是画者移动位置观察到
的结果。这种方法也应归入中国绘画的透视里面来论。郭熙也曾
提过"山形步步移""山形面面看"，但只是将之作为观察的方法。
这种在不损害画面整体的前提下，对局部做移位透视的艺术表现
手法，在中国传统绘画中很普遍。王伯敏先生把"步步观"纳入
中国绘画透视来论，符合张彦远的"详古人之意，专在显其所长，
而不守于俗变也"的观点（《历代名画记》卷一）。这与西洋绘画
中的一点透视、不能移位的画法迥然不同，也是区别于西洋绘画
的审美和主要艺术手法之一。

　　然而，人们对于历代中国绘画中出现的近小远大的"反透视"
画面，大都避而不谈。有的认为是由于古代科学不发达所产生的
"不科学"的画法，并深表遗憾与谅解。更有甚者认为这是中国
传统绘画中的"糟粕"，违背透视的科学原理，并借此排斥和否
定中国传统绘画的技法。我认为恰恰相反，在中国历代名画中出
现的"反透视"画面不仅合情合理，而且符合现代科学透视原理。

　　人的眼球视觉原理与物理光学中的凹凸镜成像原理相同，如
同照相机。西洋绘画透视就是根据在某种视线范围内的成像原理
而拟定的，在画面上的任何物体的透视线必须消失在一条视平线
上（图 1-35）。由此可见，在西洋绘画透视中，画者必须处在一

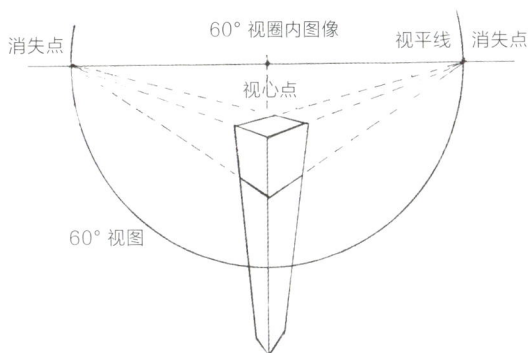

图 1-35　西洋绘画透视图

图 1-36　现代高空拍摄景物图像效果

定的视线范围之内，这个范围叫"视圈"，但这种视线观察形成的"正确"视域角度只有 60 度。60 度视圈的照相机镜头被称为"标准镜头"，标准镜头拍出的物体基本上是"近大远小"。西洋绘画要求所画的物体符合"近大远小"的透视，即所画物体没有变形感，因此西洋绘画要求画者的眼睛距离写生物体为最长边的两倍以上，从而让所画物体全部能进入 60 度视圈。

　　中国传统绘画的"高远"透视取景法，打破了这一正常视圈范围。人的眼睛近似于照相机，但不同于一般照相机的是，人的眼球不仅能看清正常视圈内的物体，还能不同程度地看清视圈外的物体，通常我们称作眼睛的"余光"。为了满足现代大型场景的摄影需要，科学家们根据眼球的这一原理发明了能超出正常视圈范围的照相机镜头，叫作广角镜头。广角镜头拍出的照片，四边都会不同程度地变形，这是因为视圈外的变形透视。广角镜头拍的照片由正常视圈内的景物占了主要画面，四边轻微的变形透视并不损害整体，反而给人辽阔的感觉。根据这一光学原理，任何超出视圈范围的物体，离视圈越远，景物越小（图1-36）。

中国传统绘画取景于"高远"，古人把自己置身于"高空"俯视，眼睛除了能看清视圈内的景物，余光还能看到视圈外许多景物在无限地延伸，视线下方的景物从脚下向背后延伸。根据广角镜原理，这些视圈外的景物的透视是近小远大的"反透视"。由此可见，中国绘画的画面下方出现近小远大的"反透视"现象，是"高远"取景的正常现象，也就是说，中国绘画的"高远"取景法必然产生这种反透视，否则就没有"高远"的意义了。

敦煌壁画中许多大型经变画的场面就是这样布局的。如莫高窟盛唐时期第172窟北壁中的《西方净土变相》（图1-37），高2.72m，宽4.23m。这是一幅反映佛国极乐世界的画面，按照中国

图1-37　莫高窟第172窟壁画　唐代

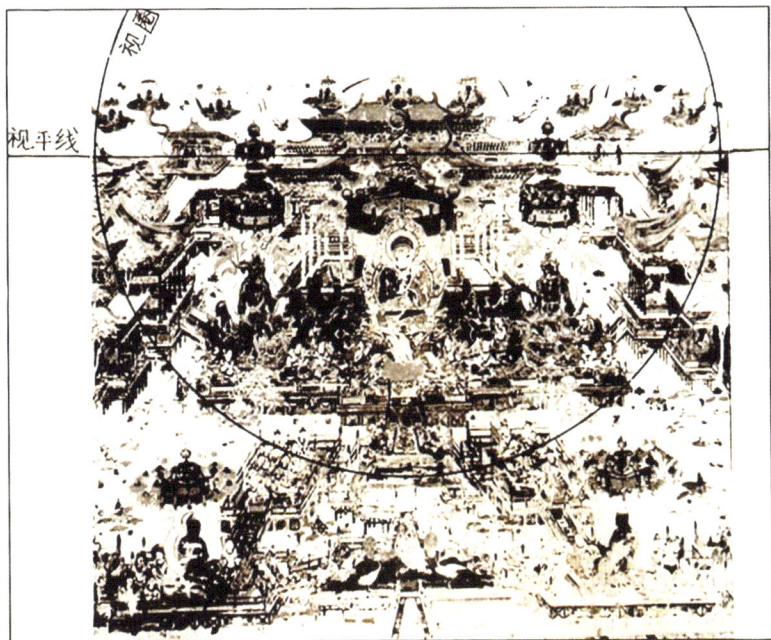

图 1-38　莫高窟第 172 窟壁画透视示意图　唐代

传统绘画的"高远"法构图。不难看出，画者的视平线拟定在画
面最上边的山水的地平线上。从整个画面来看，画者的最大视圈
线定在画幅的最边上，由此可以确定画者的视圈线下部落在画面
下方第二层伎乐所在的栏杆边，之下的四组建筑和人物均落在视
圈外。这四组建筑及人物产生近小远大的反透视现象，由视圈开
始，渐渐向画面的下方消失（图 1-38）。

　　我们欣赏这幅画时，觉得自己是从另一个天体遨游到这个佛
国极乐世界的上空，一排排亭台楼阁，金碧辉煌，香烟缭绕，鸟
语花香，鼓笙齐鸣，一派极乐景象，尽收眼底。画者为了体现正
中至高无上的阿弥陀佛形象，采用了"走近看"的移位透视法，

把佛顶上方的华盖和房檐变成走近仰看的角度。如果不这样处理，华盖和房檐的透视将会挡住正中佛的头或脸部。这种处理既无损于大局，又表现了中间佛的完美形象。

另外，古代艺术家把下方中轴线上视圈外的一组建筑仍做正透视表现。这样的艺术处理带来两个视觉审美的满足感：一是将观者的视线引向正中的佛像，保持对中间佛的仰视焦点视角；二是使整个画面构图变得稳定。如果视圈外中轴线上这组建筑也采用近小远大透视的话，就会使人感到整个画面有向下斜陷感，不会像现在这样，带来一种人的心神在高空游历完之后，瞬间又平安降落到地面上的不可言喻的满足感。这种根据艺术需要所做的夸张是被允许的。这种表现手法也同"步步观"的移位透视法一致，是中国绘画的重要造型手段和独特审美表现。

再看该洞窟南壁的经变画，画法、布局、色彩显然和北壁的经变画是出自同一个画派之手。这幅画的视平线更低，视圈外的景物更少。所以画者仅对最下方的建筑和人物做了近小远大的反透视处理。"近小远大"只能用于画面的下方，因为左右和上方视圈外的物体虽然也会呈反透视，但不宜叫"近小远大"。显而易见，画者并不是偶然为之，更不是无智所致，而是有理有据、精心布局的。

比第172窟更早的初唐第220窟的《药师经变》图（图

图 1-39　莫高窟第 220 窟壁画

1-39），也可以看出古代画家对绘画透视的严格要求。第 220 窟北壁的《药师经变》图，高 3.37m，宽 5.38m。画者的视平线比前两幅都低，视平线正好落在中层药师佛的眼睛上，约在画面的四分之三处。这种视平线定位的画幅在中国绘画中比较多见。画幅上四分之三为视圈内景物，下四分之一为视圈外景物，画者视圈外地毯上的两组人物做了反透视处理。因为视平线偏低，所以反透视现象是轻微的。

另外，该画的宽度偏长，类似中国画中的长卷轴画，按视平线定出的视圈，两边的景物有少部分落在视圈外。但是，根据长卷轴画的习惯以及为了使观者在地面上移位观看时不产生错觉，两边和中间仍以一条视平线为基准来处理，否则会使观众产生"地不平"的感觉。这种左右移位透视也属于"步步观"透视法。

再看与第 172 窟同一时期的第 217 窟北壁的《阿弥陀经变》画。全画高 2.46m，宽 3.26m，画者视平线位置与第 220 窟近似，画者也在下四分之一处做了轻微的反透视处理。诸如此类的例子在敦煌壁画中甚多，如莫高窟第 148 窟东壁南北两侧的经变画，第 320 窟北壁以及榆林窟第 25 窟《阿弥陀经变》画（图 1-40），在画幅视圈内的景物，正透视的精确度几乎达到了无懈可击的地步，在画幅的最下方视圈外的景物都做反透视处理。另外，这些经变画两侧的"十六观"的小装饰图也是按照中间经变画的透视来画的（图 1-41）。这都非常科学地运用了高空俯视视觉原理。

众所周知的宋代画家张择端的《清明上河图》，作者取景于视平线之下，即视平线在画外，并把画幅定在视圈内和视圈外之间，这种手法十分高超。画者把画面下方的房屋顶都做了反透视处理，而且采用传统的长卷轴画幅，使观者如在空中步步漫游，俯览当时东京汴梁城的繁荣景象。这种向两边移位仍做同一视圈内透视的长卷轴画法，在郭熙的"平远"法中也有所体现，与西洋绘画中的三度空间的宽度同论，并与宋代韩拙提出的"阔远"同意。在古代传统中国画中出现了少数作品，将视圈外左右两侧景物画成向外倒的透视现象，也是正确的，符合现代广角镜的成像原理，但不普遍。

视圈外的物体还包括视圈上方，但由于人均有向下看的习惯，画幅上方一般都定在视圈之内，也可显示"高远"的意义。也许以后会发展成视圈外的所有景物都入画，这种视圈外的透视现象在中国绘画上应命名为"视外远"。所以，中国绘画透视应为高远、深远、平远、步步观、视外远等五种。

古代画家发现并运用这一科学常理，令人惊叹。中国绘画的崇高声望，与其独特的审美见解和表现手法息息相关。然而令人遗憾的是，这些高超的艺术表现手法为今人所不知，现代中国绘画基本上采用西洋绘画的一点透视法。

图 1-40　榆林窟第 25 窟壁画　唐代

图 1-41 莫高窟第 217 窟壁画 唐代

看 见 敦 煌

飞天与乐舞在敦煌壁画中的表现

在敦煌壁画中有一个既不起眼又很亲切、生动的元素——敦煌飞天。飞天和乐舞是为了装饰画面而出现的。历朝历代的飞天都是按照当时人们的形象和服饰来绘制的。

佛教艺术在中国的南北朝时期才兴起，各地开窟造像，建立寺庙。敦煌莫高窟便是在公元 366 年开始建造的。佛教艺术兴起之初，基本上借鉴了印度及西域的表现模式。比如早期的壁画多以故事的形式表现，如佛本生故事、佛传故事、因缘故事等等，这也许是为了宣传佛教思想。这些壁画的周边常会出现不同数量的造型优美的飞天和伎乐天，即"敦煌飞天"，使画面更加生动活泼。这种用于装饰洞窟画面的飞天和伎乐天也源自印度石窟艺术。印度佛教最早北传至西域的龟兹一带（今新疆），克孜尔、库木吐喇（lā）等石窟也出现了跟印度一样的飞天。

飞天的"天"在印度和佛经中是"神"的统一称呼，飞天亦可称为"飞神"。从严格意义上讲，飞天原本不是一位正神，是乾闼（qiántà）婆与紧那罗的复合统称。乾闼婆是印度梵语中的乐神，由于他周身散发香气，又叫香间神，也称香神或食香神。紧那罗是印度梵文，音译为歌神。两者原来都是印度神话和婆罗门教中的娱乐神和歌舞神（图1-42），后被佛教吸收，列为天龙八部众神中的两位天神。乐神乾闼婆的任务是在佛国净土世界里散发香气，为佛献花、供宝、做礼赞，栖身于花丛，飞翔于天空中。歌神紧那罗的任务是在佛国世界里为佛陀、菩萨、众神、天人奏乐歌舞，居住在天宫，但不能飞翔于云霄。后来传入中国，两者的职能被混为一体来表现，乾闼婆亦演奏乐器，载歌载舞，紧那罗也冲出天宫，可飞翔于云霄。乾闼婆与紧那罗不分男女了，合为一体成为"飞天"，没有翅膀，仅凭借飘曳的衣裙和飞舞的飘

图1-42　印度大象岛石窟　飞天　约公元5—6世纪

图 1-43 莫高窟第 272 窟壁画 北凉

图 1-44 莫高窟第 249 窟壁画 西魏

带表现飞翔飘逸的感觉。飞天在中国是统称，也涵盖中国道教中的羽人、飞仙。

敦煌早期的飞天造型受到西域风格的影响，如莫高窟第 272、275 等窟的飞天，造型比较笨拙，大多呈"U"字形。如第 272 窟的飞天被画在窟顶四周，同时出现了飞天和天宫伎乐（图 1-43）。

北魏、西魏之后，天宫伎乐大都画在洞窟四壁的上方转角，应该说这些天宫伎乐就是紧那罗。这里看到的天宫伎乐前面都绘有墙栏，每个天宫伎乐站在一个圆形的天宫门前跳舞或吹弹乐器

图 1-45 莫高窟第 249 窟飞天 西魏

图 1-46 莫高窟第 428 窟壁画 平棋图案 北周

（图 1-44）。相对而言，在四壁和龛内外出现的飞天就自由多了。单个飞天或双个飞天的位置和表现都是根据画面构图需要而定的。如第 249、254 等窟龛内两侧的四个飞天，各根据券圆形的龛顶而绘制（图 1-45）。也有出现在窟顶的平棋图案（即方形格内制作的图案）中的裸体飞天（图 1-46）。

从西魏开始，似乎不再模仿印度的造型，衣服变得宽大而长。紧那罗似乎不再需要守责，如第 284、285 等窟上方的飞天及第 290、296 等窟的飞天，直接冲出了天宫，在天空中自由地翱翔（图 1-47），也出现在窟顶的望板（即古代建筑内顶上人字披中的装饰板）上，甚至跑到最底层的药叉中奏乐。偶尔会表现守规矩的紧那罗式的天宫伎乐，如第 304 窟窟顶四周的一组天宫伎乐。至隋代，基本只出现乾闼婆式的自由飞天，如第 419、420、472 等窟四壁上方的一长条飞天。这时的飞天真正代表了紧那罗与乾闼婆的复合体飞天，可以吹奏乐器，可以散花持花，也有献花或作舞蹈姿态，

图 1-47　莫高窟第 285 窟飞天　西魏　　图 1-48　莫高窟第 305 窟壁画　隋代

成为"敦煌飞天"的独有形式（图 1-48）。

　　从北周时期开始，飞天的服饰根据每个朝代的衣饰风格来表现。如西魏第 285 窟的飞天就是"秀骨清像"的典型南朝风格。在隋代之前的飞天，大多用于装饰洞窟主题壁画。比如第 254 窟中的《萨埵太子舍身饲虎》《尸毗王割肉贸鸽》壁画中的飞天，以及佛说法或佛龛内外塑像背后的飞天，都作装饰之用。

　　壁画真正同时表现乐与舞的是在唐代。隋末唐初出现大型经变画，开始将乐舞摆在主题画的重要位置。如莫高窟初唐第 220 窟窟壁的人型经变画《阿弥陀经变》和北壁的大型经变画《药师经变》，在全图下方近三分之一的地方布置大型乐舞画面（图 1-49）。这些乐队和舞者表现的都是当时的乐器和流行的舞蹈，从而能非常清楚地知道唐代当时的社会状况，为今天研究乐舞提供了极其宝贵的资料（图 1-50）。第 220 窟南北壁两幅大型乐舞画面中的舞蹈是胡旋舞，可见当时流行从西域传入的胡旋舞。南壁用

图 1-49　莫高窟第 220 窟壁画　唐代

两人相对的舞姿，而北壁采用两组男女相背的舞蹈，每个舞者脚下都踩着一个圆形的垫子，全部表演都在圆形的垫子之内。在北壁的《药师经变》图中，有一组舞者比较奇特，背朝观众，上身穿有似盔甲一样的上衣，戴有头盔，有点虎背熊腰之态，虽也穿裙子，但被认为是男舞者。可见当时胡旋舞是男女皆可表演的。两边的乐队非常热闹，可以看到各种乐器，有点近似今天的交响乐团。在北壁西侧的乐队中，有两位奏乐者除了奏乐外，同时还放声歌唱。这种弹唱相结合的表演形式一直保留到今天的许多传统表演节目中。南壁的乐队似乎没有北壁的热闹，人数也较少，但也能体悟到大唐乐舞表演盛况。

随着唐代大型经变画的兴盛，出现了不同形式的大型乐舞画面。如第 112、159、172、217、320、321 等窟，都有非常精美的乐舞画面，并且越来越受重视，有的被画在全图的中心位置。在唐代的大型经变画中，还出现了在空中飘动的各种乐器，按佛经所说，这些乐器会在空中不弹自鸣，犹如现在的录音机或自动播放器。

图 1-50　莫高窟第 220 窟壁画　唐代

图 1-51　莫高窟第 329 窟壁画　唐代

图 1-52　莫高窟第 112 窟壁画　唐代

　　在敦煌，飞天的表现太广泛了，如唐代第 329 窟窟顶的莲花飞天藻井，窟顶四披 12 个飞天绕着藻井外围旋转，井心又有 4 个飞天飞转，画面异常壮观（图 1-51）。

中晚唐后，在经变画的乐舞中，出现了反弹琵琶的画面，舞者边弹边跳，成为敦煌乃至世界的乐舞经典，第 112 窟有最典型的造型画面（图 1-52）。关于反弹琵琶的姿态问题，许多模仿表演者和雕塑艺术家都出现过把琵琶变成正面弹的情况。但我认为敦煌壁画中的反弹姿势更正确，比较有生活体验。从日本正仓院保存的一把唐代琵琶原物可以看出，唐代琵琶大而重，背面为半弧形，为了方便在马背上弹，还装有两个挂带环。如果扛在肩上正面弹，不仅正面的尖角棱边会压疼肩膀，而且琴弦会碰到头发头饰，音就可能不准了，何况弹者还要大动作地摆动跳舞。

在晚唐时期的第 156 窟的《张议潮出行图》和第 159 等窟中，出现了行走中的乐舞。到五代、宋代，敦煌壁画中的大型经变画相对减少，乐舞相结合的画面也逐渐减少，但飞天一直保持着装饰壁画的作用（图 1-53）。至元代，飞天变成单个或一组的表现形式（图 1-54），舞者大多出现在藏传佛教密宗的绘画之中，如榆林窟第 3 窟的舞蹈，动作奇特而生动。在佛教密宗里有很多空行母以舞蹈的姿态出现，空行母是代表智慧和慈悲的女神，造型非常优美（图 1-55）。每个菩萨坐姿的腿的交叉摆放也应属于舞蹈范围。

飞天和乐舞造型独特，使得敦煌壁画规范庄严的画面变得生动活泼、令人难以忘怀。画面中所表现的服饰、佩饰都是当时的流行式样，令人能感受到当时现实社会的真实生活气息。古代艺术家们在表现这些形象时，可以不受佛经所规定的形式与内容的限制，完全自由发挥和创造。所以敦煌飞天和乐舞不仅是大家喜闻乐见的形象，也成为敦煌艺术不可或缺的重要组成部分。

图 1-53　莫高窟第 97 窟飞天　西夏

图 1-54　莫高窟第 3 窟壁画　元代

图 1-55　莫高窟第 465 窟壁画　元代

色彩塑造的辉煌
——色彩在形体中的塑造与空间表现

　　我在敦煌，常常会被游客问到一个问题："壁画中那些艳丽的颜色是不是你们重新填过的？"当我们告知都是 1000 多年前原来的颜色时，他们顿感惊愕不已。不错，我相信每一个人，第一次看到敦煌洞窟内扑面而来的色彩绚丽的壁画时，第一反应都是眼前一亮！继而细看，又会被那种艳丽色彩间的一条条流畅而情感丰富的线条所导引，走向远方，走向一种莫名的震动。当然，我第一次看到敦煌壁画时也是这样的。这使我想起了我在中国美院油画系学习的时候，我的导师马玉如先生对我们班同学说的一句话，他说一件好的艺术作品应是"触目惊心"的。就是你看到它第一眼时，会感到一种非常耀眼夺目的视觉冲击力，再细看时又会在心底产生一种震动和共鸣。当然，他又说，如果一件作品，看上去并不触目，但是再细一看是惊心的，也算得上一件好作品。如果一件作品触目不惊心，乍一看很抢眼、吓人，但细一看就空洞没东西了，这就是所谓"耍花枪"了。他教导我们艺术即使达不到"触目惊心"，也一定要达到"惊心"！要语出惊人！后来我便知道潘天寿的画是"触目惊心"的，弘一法师的书法是不太"触目"却是"惊心"的。当然，我第一次看到敦煌壁画时也是"触目惊心"的，我在学校一直是学习油画的，对色彩比较敏感，所以最初的兴趣便是从这些瑰丽色彩的形成和表现开始研究。

敦煌早期壁画所用颜料种类色系不是太多，只有朱砂、铅丹（橘黄）、石绿（绿）、青金石（蓝）、土红、泥色（即保留不画的泥墙色）、高岭土（白）、墨（黑）等几种。其中石绿色类中除少数为真石绿（孔雀石），其他大多为氯铜矿；青金石的蓝色类中也有用蓝铜矿的，现代人叫石青；这里说的石绿、青金石为半宝石类矿石，也用来做首饰，青金石主要产于阿富汗。后来才出现了云母、土黄、石黄、赭石、藤黄、花青、胭脂等颜料，也有用白垩、铅白代替高岭土的，还有用到蛤粉的（沥粉堆金也用）。敦煌壁画所用颜料大体可分为三类：一、矿物质类：如朱砂、铅丹、石黄、石绿、青金石、云母、赭石、石青；二、土质类：土红、土黄、高岭土、本色土；三、植物质类：藤黄、花青、胭脂、墨。另外还用到金属类，如金、银箔（在绢画中也有出现）等。敦煌壁画就用这些简单的颜料塑造出了绚丽多彩的神奇！

在敦煌壁画中，表现物体空间采用的都是"平面塑造法"。但必须注意的是，这里讲的"平面塑造法"包含了中国绘画的两个手法：一个是单纯以线描表现的白描绘画，因为中国绘画中线的运用如同汉字书写，本身就存在情感空间塑造。这是中国绘画必须完成的第一步塑造手法，也就是为什么单纯的白描可单独成为中国绘画的表现形式。另一个是指在完成线的白描之后的平面空间中再用色彩进行塑造，当然，这色彩的表现也是"平面塑造法"，这就是中国绘画的特点，也是本书要重点论述的中国传统绘画的色彩塑造法。严格地说，在中国传统壁画中其实是很难将线条与色彩分开来讲的。色彩塑造表现是中国绘画的第二步塑造手法，所以传统壁画的色彩表现与塑造是在线的塑造完成之后进行的，可见中国绘画的"线"塑造的重要基础和主导地位。由于色彩的表现也是"平面塑造法"，这就自然产生了喜欢用纯原色来作画的画者，这也就是我们要关注的为什么单一的颜色可以塑造色彩丰富的画面的问题。上面述过，敦煌壁画早期的颜色种类并不多，就是红色（朱砂）、橘黄色（铅丹）、绿色（氯铜矿、石绿）、蓝色（青金石、蓝铜矿）、土红色（红土）、白色（高岭土、铅白）、黑色（墨）等。以上几种颜色在使用时往往都用单独的原色，很少用调和后的复色，即使要用到两种以上的颜色，也是分两次或多次用单色相加重叠来完成的（图1-56）。这样即使色与色之间的重叠产生了另一种复色，也能清楚地看见其相互交融的几个原色色相，这就容易使每一个色层的塑造和层次感表现得非常强烈（不像西洋画的复色在调色板上调好再画到画布上）。加之汉民族只表现物体"固有色"的审美习俗，也只需要"平面塑造法"即可表达完成，因为形体的表现在上色之前的线的塑造中已完成了。只需表现物体固有的色彩，所以单纯和平面的塑造，就自然产生

图 1-56　莫高窟第 296 窟壁画　北周

了极为抢眼"触目"的色块亮丽感，这就是东方的中国汉民族独特的艺术审美特征，也是东方艺术与西方艺术最重要的分水岭。当然，随着西方 19 世纪现代艺术的兴起，西方艺术家才惊愕地发现东方艺术这种直奔艺术表现巅峰的审美奥秘。

当然，在东方艺术中，特别是我们汉民族的所谓"平面塑造法"，其色与色之间的构成与协调，看似简单，其实蕴藏了非常深奥的自然法则。一位学生同我一起去敦煌看了敦煌壁画之后问我，为什么敦煌壁画透着看似谁都能画出来的那种轻松自然？我说，不错，唐诗 2 岁小孩都能上口朗读，好像信手拈来的样子，可是我们现在的大作家也写不出，为什么？说明画画不是画的问题，作诗也不是字句的问题，宋代诗人陆游教他儿子说："汝果欲学诗，工夫在诗外！"这也解释了为什么今天中国真正有成就的艺术家不多，因为大多数人都仅仅看到极其表面的东西，没有悟见艺术是人类天性本真的表现。西方画家毕加索90多岁了还看小孩怎么画画，就是在寻找与生俱来的天性本真。野兽派大师马蒂斯穷其一生研究东方的色彩构成，已有大成就了，但他晚年画不动画了，躺在病床上，仍要坚持用棍子指挥他的助手帮忙在墙上拼贴各种彩色剪纸，寻找东方色彩构成的最高深的法则。我相信他一定悟见了东方艺术这座高峰的奥秘，才会发出震惊他灵魂的惊叹！这种精神是很值得我们深思的，因为我们今人看不见中国绘画平面中的深度与空间，即不知道如何塑造进入本质的"深刻"含义，以及如何在画面中塑造出气韵与光芒！尽管南齐谢赫在画论"六法"中早就把"气韵生动"放在第一位，但我们仍然不知"气韵"出于何方。然而，我们随便拿一块敦煌的壁画出来，哪怕是巴掌大的，几乎都能感受到来自遥远千年前激情的深度，同时看见画面闪烁到空间来的那熠熠生辉的光芒（图1-57）。

我们不难看出，其中每一块色彩的所谓平面塑造都不是一次平涂而成的，而是经过两遍以上上色塑造而成的。值得注意的是，这里说的"塑造"一词本是雕塑的用语，"雕"与"塑"本是两种手法，往上"加"的手法叫"塑"，如用泥巴一块一块往上加做出的形体叫"泥塑"；将石头或木头用凿子和刻刀一块一块凿下打掉的叫"雕"，所以有"石雕"或"石刻"，以及"木雕"。敦煌因没有石料只能用泥塑上彩，所以叫"敦煌彩塑"；龙门、麦积山都是石山开凿，所以叫"龙门石刻""麦积山石刻"。在绘画上用"塑造"一词也是引用雕塑中"塑"的方法，即用一遍一遍

图 1-57　垂柳修竹　莫高窟第 285 窟　西魏

往上"加"的方法去画画。我们看到在敦煌壁画中，即使一块朱红色或是一块纯绿色也是要分两遍或两遍以上上色来完成的，即第一遍用较淡的色，第二遍用较浓的色，如不够再来一遍，而且每一遍上色的用笔也是"塑造"法，即可见到用笔情感的"写法"，绝不是死填呆涂。

在一个色块中如要有两种不同色彩复合表现时，同样先上第一种颜色，然后覆盖上另一颜色。如感觉不够可再加上一遍或几遍，直至满意为止。当然，如果一个色块要表现三种以上的颜色，也以此类推。古人这样做是为了使每一种色的颗粒子都能独立封闭地存在于自己的胶液中。在画面上两色重合使用时，只要不多次反复来回用笔，其颜色就基本能保持自身的色泽。所以古代壁画1000多年了色彩仍然那么鲜艳。不要以为这是个"笨"办法，这种一层一层的重叠塑造法能使色彩始终保持艳丽而不浊气，更重要的是在这"平面"加"平面"中悄悄地完成了形体"立体"表现的空间塑造。我常在全国美展中看到有的重彩画面当场剥落掉色，都是因为不知道分层塑造和使用胶液的原理。我们敦煌研究院保护研究所专家用X光衍射检测壁画颜色的数据，也证明了古人大都如上所述采用单独涂层上色法，很少用到调和的复色。我们还检测到其中变色的壁画部分是使用了两种不同的复合色造成的（会自然氧化的色除外），特别是含有不同化学成分的色块相调和则变色更快，比如一个绿色中就有绿盐、氯铜矿、水氯铜矿、碱式氯化铜、石绿（孔雀石）等几种，其稳定程度都不一样，其中石绿最稳定。所以要分清楚每一种色的结构成分和稳定性。这里要特别注意的是现代有很多含有人造化学成分的颜色。我试过用化学元素制造的白色调石绿色，一年就变成灰色的了。当然，在没法确认这种颜色是不是含有人造化学成分，又找不到代替品时，特别是在修复古代壁画时，老一辈先生总结了一套严谨又可靠的方法教给我们。比如画面中需要淡的"四绿"矿物色，而手上只有"头绿"或"二绿"色，不能用"白粉"和"头绿"调成"四绿"来用，而要用一研钵（药店有售陶瓷研钵），将"头绿"或"二绿"倒入，加清水慢慢研磨半天左右，然后静放一夜，第二天慢慢倒去上层清水，轻轻刮卜最上面的那层，这就是"四绿"色了。

制取其他色也以此类推。我们在洞窟里临摹也是遵照老一辈先生的方法去做的。因此我们也学会了自己研制颜色。关于怎样自己采用简单古法研制矿物色，请看我在中国美术学院与黄骏教授合带研究生课题研究时编著的《中国石窟壁画修复与保护》一书（中国美术学院出版社 2017 年版）。

当然，西洋油画也不主张在色彩运用中将几种色反复调和得"太熟"使用，因为易产生变色。油画家董希文早年随常书鸿先生到敦煌临摹过几年壁画，回到北京画油画时不用调色板了，而是按照在敦煌临摹的方法用很多盘子一盘一个颜色分开调色，重复的色直接在画布上调（减少调色次数也是防变色法之一）。这都是学习古代的用色法。他是常书鸿先生的学生，常书鸿先生在法国学习油画 9 年，还得过法国国家沙龙展金奖，他肯定教导过董希文使用油画颜色和不变色的技巧。我在北京故宫看到王希孟《千里江山图》的同时，也看到一起被收藏的王希孟画画用过的还保持有各种颜色的碟子，就是如上述的分色法分盘上色用的。如此我们就知道古人为什么一直要这样做了。这些都是画外的不传之法。也许有人会说，敦煌壁画不是也有变色的吗？不错，那是因为用到了会氧化的带金属成分的颜料，如铅丹（橘黄色）、铅白。但 1942 年张大千把北魏洞窟中表层的西夏壁画剥出时，看到底层北魏壁画的铅丹色仍未变黑（图 1-58）。要知道，北魏至西夏至少也有 600 年，应该说橘黄色的铅丹色是在 600 年后才开始变成黑色的。

当然，这里面还有一点要论及的是，中国画中常常用植物质色料与矿物色颜料交替结合的表现方法来塑造视觉空间，即用矿

图 1-58　莫高窟第 263 窟壁画　北魏

图 1-59　莫高窟第 258 窟菩萨（秀骨清像）北壁东起第七铺说法图中　西魏

物色的"厚"与植物色的"薄"来拉开空间感。如上述的《千里江山图》即以"薄"的水墨线勾勒形体，以"厚"的石青、石绿来点染山头。这在敦煌壁画中也比比皆是，如人物身上的色彩分别用两种不同质地的颜色来表现（图 1-59）。也有用植物质色料罩染在矿物色颜料上面的，这样能产生一种奇特的色彩效果和层次感。当然，植物质色料的表现并非仅限于此，如墨色本身就可运用多层次的塑造和表现，可独立完成远近空间和厚重感，浓重处也可叫"重墨"，这就是为什么会在宋代以后产生"水墨画"。水墨与矿物色并用，水墨的层次负责往画面深度里面走，而矿物色的厚层次则负责往画面外面走，自然产生视觉空间。

在敦煌壁画中还有一种如阶梯一样层层递进的塑造法，在壁画图案中用得最多，如莫高窟唐代第 23 窟壁画（图 1-60），也有人将其称为"叠染"，但我觉得不应叫"染"，因为会使初学者误以为是从浓到淡用水晕染形成的。其实在传统壁画中，这种表现层次递进的方法也与上面所述的"平面塑造法"一样，只是要注意一点，即先从最淡的色开始，而且要将所要表现这种层次的画面范围填满，然后再叠加填上一层稍浓的色彩，注意也要将第二梯层的色区填满，不要留出最浓的部分不填，最后再在这两层的基础之上"叠加"填第三梯层色区更浓的颜色，以此类推，画出更多的梯层色彩，即一层一层实实在在地递进叠加。为什么要这样表现，在这里不必多说，去试一下这种画法便会知道了。因为艺术是要"参悟"的，只有"参与"了才能"悟见"，才能悟见古人在这里蕴藏的心境和艺术整体塑造的神韵。

到了西夏、元时期，在壁画的表现方面出现了两种艺术表现倾向：一种是走向以水墨白描为主的表现式样，如莫高窟第 3 窟、榆林窟第 3 窟等壁画（图 1-61、图 1-62、图 1-63）。另一种则是把壁画色彩的表现相比之前朝代的变得更加强烈浓重。前文述过，加强色彩必须加强线的表现，才不失中国线造型的主导地位，所

图 1-60　莫高窟第 23 窟壁画　唐代

图1-61　榆林窟第3窟壁画　西夏

图1-62　榆林窟第3窟壁画（局部）　西夏

图1-63　榆林窟第3窟壁画（山水画）　元代

图1-64　榆林窟第4窟壁画　天王

以到了元代，用于造型的墨线再次被普遍加重加浓，成为纯重墨线法。当然这种加强的线也有两种表现形式：一种是起稿时就用浓重线，这样在不上色的地方就不用第二次"醒"线了；另一种是仍用前朝的染线法，即上色后再用"醒"线法加深线的浓度。所谓"醒"线法，是根据需要将某些地方重复勾一下线，为防止对"复勾"的误解，我们把这种局部加强重复再勾线的方法叫"醒"线法，即哪里的线被色彩覆盖得不清晰或不够浓重就加重哪里。这样也是在调整线与线之间的空间表现层次，让"线"在画面上始终有一种"清醒"状态。由于元代起稿线本身就比较浓重，所以"醒"线就更加"醒目"了。如榆林窟第 4 窟的元代壁画（图 1-64）。当然，山西永乐宫的元代壁画采用的也是这种表现手法。由于永乐宫的画面人物巨大，浓重粗壮的线条显得格外流畅奔放，艳丽的色彩也更加饱和浓重，从色彩的厚度可以看出，其塑造的遍数大都在两遍以上（留空白不上色的除外）。毫无疑问，元代壁画同时加强线与色的表现手法，是在唐代艺术的基础上又向前迈进了一步，进而成为中国传统壁画艺术的又一种风格的表现形式。当然，永乐宫壁画与敦煌壁画还有一点不同，就是改进了壁画墙面结构，使壁面更加结实牢固，所以能支撑住更厚色彩层次的表现。除了上述两种表现色与线的关系外，为了加强色彩的厚度，在永乐宫壁画中还出现了一种"勾填法"，即勾完线后上彩时让出线条（也有在"醒"完线后再补填加强的），不使色沾染到线条，如永乐宫壁画中的这位"雷神"背后的人物线条就是明显的"勾填法"（图 1-65）。其实，永乐宫以上三种色线的表现方法都有，如（图 1-66）壁画中的"五岳之一"的衣纹线就是染线

图 1-65　永乐宫壁画（局部）元代

图 1-66 永乐宫壁画（局部）元代

塑造后再"醒"线提神的。元代的线与色的加强表现，让我们再次看到中华民族每个朝代都在不断追求新的色彩与线艺术表现语言的形式美！当然，从隋唐时期至元代形成的各种绘画艺术风格，一直影响到明朝的法海寺壁画乃至今天的绘画艺术。

中国传统绘画中一个颜色分层重复塑造产生的厚重，与一次性厚涂上色法不论在视觉还是表现情感上都是有天壤之别的，这也是中国传统绘画与西洋绘画最根本的审美区别。加之线的层次塑造也是相重叠加式的，所以自隋唐以来有色彩的传统中国画被称为"重彩"画，唐代张彦远《历代名画记》就称其为"重采"（"采"与"彩"是古今字，同音同意），由"重复"而产生"厚重"，这是汉民族将朴素本质"归真"的审美表现语言，这里面"重（chóng）"与"重（zhòng）"也是双关语。所以使用传统的"中国工笔重彩画"或"中国重彩画"的名称，不论是语言文字还是制作程序上的表达都是非常精准正确的。由于中国画历来使用的材料种类范围多样，所以色料中凡是矿物类的我们称之为"矿物色"或"石色"。近年来，有人提出要把"中国工笔重彩画"改称"岩彩画"。不管是谁提出的或出自何方，或有什么理由和依据，这都是一个学术问题，需要大家认真商榷。现在甚至有人把敦煌壁画也叫成"岩彩画"，这不仅不了解敦煌壁画的色彩和语言表现形式，仅从其中部分矿物色的色料来改名，还会在全国各大美院的临摹传统壁画教学中引起混乱，因为传统的画史、画论中没有这个词。关键是在所谓"岩彩画"的色料中仍然是以中国传统矿物类色系为主的，并没有"出新"。就当今所谓"岩彩画"的色料种类而言，也不全是石质类矿物色，还有"土彩"类，如土红、土黄、高岭

图 1-67　莫高窟第 237 窟龛楣壁画　唐代

土、土色（泥墙本色）和蛤粉等。敦煌壁画常常很巧妙地使用墙壁的本"土色"入画，以"留白"的形式把"墙土色"变成画中的色系，如莫高窟第 249、257 等窟，特别是莫高窟第 237 窟西龛楣上的花纹图案，采用黑、蓝、绿、红色彩组合成图案，使"留白"不画的"墙土色"在这里产生了一种金光闪闪的神奇的效果（图1-67）。也许有人会说，为其改名字是因为现在色的种类更多了。不错，之所以更多了，是因为衍生或增加了部分色系。就如同一个大学，增加了几个系科而已。退一步讲，即使古代壁画是全部用矿物色画出来的，也没有理由改名换姓。而且敦煌壁画中也早已有以矿物色表现为主的画面，如莫高窟第 285、320 等窟壁画（图1-68、图 1-69）。这种用纯色块或纯墨直接写形表现的绘画在中国传统中叫"没骨画"，古而有之。当然，如果与传统绘画的各种材质和表现有很大差距的标新立异，也是要大大提倡和鼓励的。但如果这些标新立异会混淆中国几千年的传统艺术教学，甚至引起很多不必要的争论，则不必改名了。很多老先生和美术院校的老师要我写评论文章，但 10 多年了，我一直在观望，不赞成也不反对。因为我一直认为，艺术本身是有很大的自净能力的。如果它不符合艺术规律和潮流，一段时间之后，自然是会消亡的。当然，目前教学，我还是主张用"中国工笔重彩画"或"中国重彩画"这一传统的称谓。其实，全世界的所有绘画颜色系列中都含有一部分矿物色料。西方的油画、水彩画和水粉画、胶彩画（俗称"蛋彩画""坦培拉"）也都包含了各种矿物色料，但也只以"油性""水性""胶性"（坦培拉即蛋液和水性胶调和色）来命名。中国则以表现形式的种类来命名，是一种更广泛、更有空间自由的语言文字表达方式。西方16世纪的达·芬奇、米开朗琪罗、波提切利和美国的现代画家安德鲁·怀斯等都是蛋彩画的高手。他们也都仅仅以各自表现不同的风格而影响于世。

图 1-68　莫高窟第 285 窟壁画　西魏

图 1-69　莫高窟第 320 窟壁画　唐代

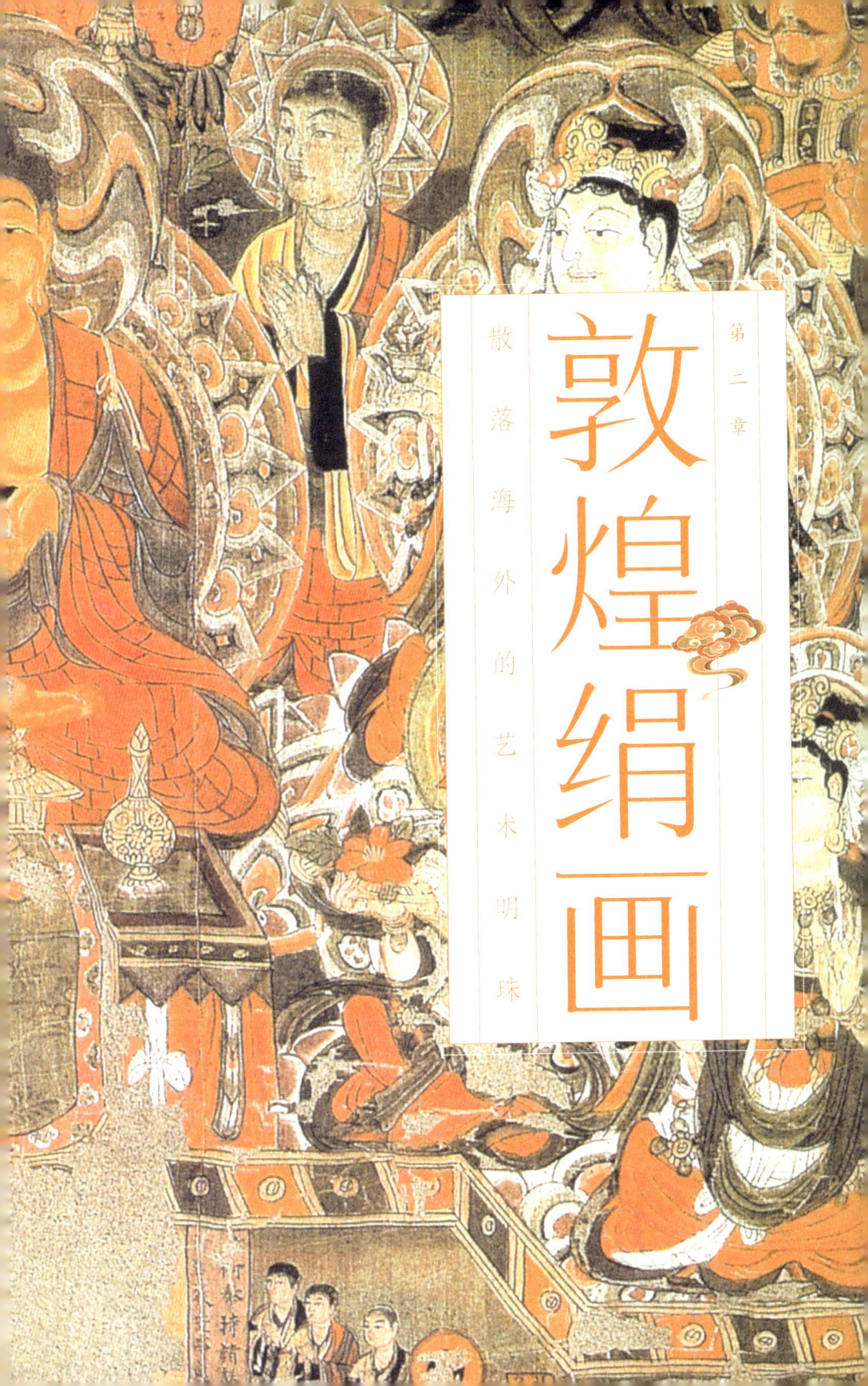

第二章

敦煌绢画

藏经洞的发现
与敦煌绢画

清光绪二十六年五月二十六日（1900 年
6 月 22 日），道士王圆箓（图 2-1）在清理敦
煌莫高窟第 16 窟的泥沙时，偶然发现了藏
经洞，藏经洞内有从十六国到北宋时期的经
卷、文书和其他文物共 7 万余件。

王圆箓隐隐约约觉得这些经卷价值不菲，
拿了两卷经书到县城去找当时的知县严泽，
希望引起官府的重视。可是严知县目光如豆，
认为这两卷发黄破旧的经书只是被丢弃的废
纸，不屑一顾。1902 年，敦煌来了一位新的

图 2-1　王圆箓道士　1907 年

知县叫汪宗翰，光绪庚寅（1890）科进士出身，王道士向他报告了藏经洞的全部情况。汪知县当即带了一批人马去莫高窟，顺手捡了几卷经文带走，最后只留下了一句话，让王道士就地保存，看守好藏经洞。

王道士两次找官无果，仍不死心，又从藏经洞挑了两箱经卷，赶着毛驴车，在沙漠戈壁里风餐露宿，花了好几天的时间，走了800里路到了肃州（今甘肃酒泉），找到了时任安肃兵备道的道台廷栋。道台大人浏览了他带来的经卷，得出一个风趣的结论：经卷上的字不如他的书法好，就此不了了之。

几年过去了，时任甘肃学政的叶昌炽知道了藏经洞的事，颇感兴趣，于是通过汪知县要了部分藏经洞的古物。叶昌炽是个金石大家，看到经文以后颇为震惊。遗憾的是，他也没能对藏经洞采取有效的保护措施。直到1904年，甘肃省府才下令，要敦煌"检点经卷，就地保存"。这一决定，跟汪知县的说法一样，都是用一句话敷衍塞责，再无下文。

王圆箓无可奈何，斗胆越级冒死给大清朝廷"老佛爷"写了封密信。大清王朝正处于动荡不安之际，刚刚经历了庚子之乱的京城官员哪里顾得上山河阻隔的藏经洞。随着这封信的泥牛入海，王圆箓也随之灰心绝望了。

1907年，匈牙利探险家斯坦因受到英国东印度公司的赞助，考察丝绸之路。他从喀什出发，沿着丝绸之路穿过塔克拉玛干大沙漠，发现了楼兰古城，在楼兰古城遗址上发掘到大量的历史文物资料。然后他继续向东到了敦煌，听说莫高窟发现了一个藏经洞，于是就带着一位蒋姓师爷去见王圆箓。

事情开始并不顺利，几经周折，斯坦因编了一个故事，说自己是唐玄奘的崇拜者，循着他的足迹，从印度横越峻岭荒漠而来。这种"宗教式追寻"的谎言，让信仰虔诚而朴素的王道士感动了。斯坦因又以捐助修缮洞窟的名义给了 4 锭马蹄银（约 200 两银子），请求拿一点藏经洞的东西。王圆箓内心虽然觉得很矛盾，极不愿意外国人将这些文物带走，但是，他既需要就地保存经文，也曾发愿要修复莫高窟塑像，还要造桥修路，这些事情哪一样都离不开白花花的银两。最终，他给了斯坦因好几大麻袋的藏经洞文物，斯坦因分装成 24 箱经卷文书和 5 箱绢画、丝制品，其中绢画就有 500 多幅。斯坦因将大部分经卷、文书、绢画捐给了大英博物馆，其余的留在了东印度公司，现存印度国家博物馆。王圆箓第一次用这些文物换钱的时候，多了一个心眼，他看斯坦因不能用中文交流，就挑选了最烂最破的绢画和经卷给斯坦因。

1908 年，法国人伯希和得知了莫高窟的消息。伯希和找到王圆箓进了藏经洞，并给了王圆箓 500 两银子，要求通览一遍经卷，王圆箓同意了（图 2-2）。伯希和是一个中国通，自然很清楚这些文物的价值高低。他在藏经洞里整整翻阅了 21 天，把其中有纪元题记的最有考古价值的经卷全部挑拣出来，共 6000 余件，再加上一些较新、较完整的绢画，一起骗买带到了法国。

伯希和走后，王圆箓又多了一个心眼，把一些品相好的经卷搬到另外一个地方藏起来。

1909 年，伯希和将得到的敦煌遗书在北京公开展览，将藏经洞的发现公之于众。长期无人问津的经卷被外国人说是佳品，立刻惊动了朝廷。偏僻的敦煌居然有如此珍贵的文物，于是一纸电

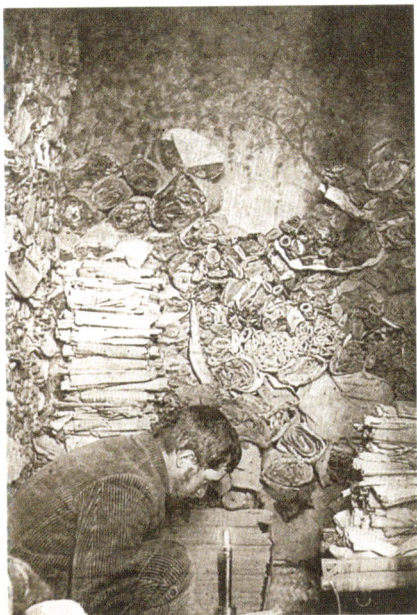

图 2-2 法国人伯希和在敦煌藏经洞 1908 年

令发到敦煌，要求将藏经洞剩余的物品运往北京。

1910 年，敦煌知县奉命移送莫高窟经卷到北京，殊不知此时文物已去之大半，而接下来长途运输带来的损失更为严重。遗书在途中几乎处于无人看守的状态，一路上大小官吏和关卡看守层层窃取，运送人员也拿经卷当手纸，生火烧饭，运到北京时只剩下 8000 余件残卷，现大多藏于中国国家图书馆等地。

王圆箓私藏下部分经卷文书等，此后也渐渐流失。

1911 年，日本的吉川小一郎和橘瑞超用超低价"买"走了几百卷文书和 2 尊佛像。

1912 年，俄国人奥登堡率团至莫高窟，盗走一批经卷。

1914 年，斯坦因再临莫高窟，他又带走 5 大箱约 600 卷经书，满载而归，现大多藏于大英博物馆、大英图书馆以及印度。

1921 年，白俄残部数百人侵驻莫高窟，对洞窟、佛像、壁画损坏极大。

1924 年，美国人华尔纳用胶布粘走壁画 12 块，劫走彩塑数尊，现藏美国哈佛大学福格艺术博物馆。

在以上这些盗宝者来之前的 1905 年，俄国奥勃鲁切夫曾强行换走莫高窟一批经卷文书。

直至 1925 年，对敦煌文物的掠夺才正式停止，敦煌就在这悲剧声中被介绍到这个世界上来了。敦煌藏经洞的发现轰动了世界，被认为是 20 世纪人类考古发现的一大奇迹。

走进大英博物馆
斯坦因密室

1907 年，斯坦因将藏经洞的绢画带到大英博物馆之后，这批绢画就被存放于斯坦因密室，不对外公开展示，人们无缘看到这批稀世珍宝。因为资料的缺失，中国卷轴画的发展和表现手法一度成了难解之谜。

2002 年 9 月，我有幸受英国伦敦大学亚非学院（School of Oriental and African Studies，University of London，简称 SOAS）的邀请，以访问学者的身份在大英博物馆研究敦煌藏经洞流失在英国的绢画。我之所以有此机会，主要是得到了该学院韦陀（Roderick Whitfield）教授的大力帮助。

韦陀先生是一位典型的英国人，给自己取了一个与佛教护法

"韦陀菩萨"相同的中文名字。他当时已60多岁了，从16岁开始学习汉语，故能讲一口流利的汉语，是研究东方语言学与东方艺术学的专家，称得上"中国通"。我和韦陀先生在敦煌学国际会议上相识。他早年在大英博物馆东方部工作，从事中国瓷器和绘画的研究，但他一直把敦煌绢画作为毕生的研究重点。后来，他将研究领域慢慢地深入到中国石窟壁画与造像，是一位享誉国际的敦煌学专家。

每一次召开敦煌学国际会议时，我都会借机与韦陀先生交流并陪同他参观洞窟。他也经常邀我同往，我有些疑惑："韦陀教授，你为什么喜欢邀我一起看洞子？"

他幽默地回答："你的眼睛不一样。"

我一愣，还以为自己的眼睛出了什么毛病。后来我才醒悟，他的意思是我的"眼光"和别人不一样，就是"看法"不一样。

2000年，在纪念发现藏经洞一百周年的国际会议期间，我与韦陀先生开玩笑："你研究敦煌绢画几十年，出版了研究著作，现在又来敦煌研究洞窟壁画。对于敦煌艺术，你是世界上拥有研究资料最全面的专家，而我却只能研究敦煌洞窟的壁画艺术，没办法研究敦煌绢画，只能算是半个专家，心中一直很遗憾，这是不是很不公平？"

他听后，笑着说："哦！是的！是的！这件事是不公平！"

我感叹道："如果能有机会去英国研究敦煌绢画就好了。绢画对之后中国历朝历代的绘画影响太大了，而我却不清楚其中的原因，至少也要让我看见敦煌绢画是怎么画的嘛。"

沉默片刻之后，韦陀说："我之前从没听到过这样的观点，你的想法很好很真诚，我一定会想办法让你实现这个愿望。"

我以为只是一时说笑，他说帮忙也许是出于礼貌，哪知道韦陀先生确实把这件事放在了心上。当天晚上，他就上网搜索公费访问学者的相关资料。在英国，每年公费访问学者的名额极少，很难申请。他查到几个有可能的项目，但发现很多条件暂时不符合。这件事情难办，但他一直惦记着，回到英国之后继续帮我申请。2002年的上半年，他终于帮我申请到了名额。

英国的生活成本很高昂，当时英镑与人民币的汇率是1：12。韦陀先生为了帮我省钱，将有限的经费用在研究上，安排我住在他家。他将家中楼下的书房整理出来，铺上一张钢丝床。在欧洲，特别是在英国，一般家庭都不欢迎外人住在家里。按照英国人的说法，一个家就是一个城堡，自己的城堡是不能让别人进入的，朋友见面大多会选择约在咖啡馆之类的地方。韦陀先生的帮助令我感铭于心。

韦陀先生的夫人朴英淑女士，也是伦敦大学亚非学院的教授。到达伦敦的第二天，英淑教授早早起来准备餐点，然后韦陀先生带我去伦敦大学办理落户手续、借书证等等。大英博物馆与伦敦大学亚非学院虽然仅有一条马路之隔，但大英博物馆规定看绢画必须提前一周申请。在等候申请批准的时间里，韦陀先生带我参观了诸多博物馆以及泰晤士河等名胜。

一周之后，我收到通知，可以去研究绢画了。韦陀先生考虑到我的英语不好，就让他的一个来自中国台湾的博士生赖依缦女士来协助我。敦煌绢画平时保存在斯坦因密室。观看时，博物馆会安排两名管理人员取出绢画，护送经过一个大展厅和一个过道，

图 2-3 敦煌藏经洞绢画 大英博物馆藏

再送达阅览室。工作人员问我想要怎么看。我说要从第一号开始看，凡是斯坦因在敦煌带走的绢画，我都要看。于是，他们按照编号从库房取出绢画，每天让我看10张左右。两名管理人员就坐在我旁边，看护绢画。我看完之后，他们把绢画再护送回密室。（图2-3）

对于这批绢画，大英博物馆管理得非常严谨。有一次，管理人员把绢画送回去的时候，刚好其中一人有事不在，我问是否需要帮忙。他说不可以，这不符合规定。为了防止途中调包之类的事情发生，决不允许未经批准的人员护送绢画和进入密室。

绢画按尺寸分为小幅和大幅，在管理规定上有所区别。小幅绢画可以拿到阅览室，但有几十幅一米以上的大幅绢画不允许搬动。韦陀先生在大英博物馆东方部工作的时候，专门设计了竖式抽拉板橱柜，抽拉板的两面都裱上绢画，观看的时候就拉出来，十分方便。我日复一日地观摩，大概用了7个月的时间，看完了小幅绢画以后，才被安排到密室里面去看剩下的大幅绢画（图2-4）。

这时候，我碰到了一个意外惊喜。在放置大幅绢画的橱柜旁边有一面墙，原本用布幔围挡，有一天竟然揭开了。墙上玻璃柜中陈放着传为顾恺之所作的《女史箴图》绢画。我喜出望外，原来大英博物馆的镇馆之宝也在斯坦因密室。我对管理员说："我今天能不能先看这幅《女史箴图》？"

得到允许后，我对着这幅画看了整整一天。

原来这次《女史箴图》揭开亮相，与正在举办的一个相关国际会议有关。负责编纂《女史箴图》会议论文集的编辑，刚好也是伦敦大学亚非学院的一位教授，叫马柯斯。那天下午我从博物馆出

图 2-4　敦煌藏经洞绢画　大英博物馆藏

来，他得知我看过画作，就追问我："你认为《女史箴图》怎么样？"

我说："很好啊！"

他说："现在有几种说法，一种认为此画不是顾恺之的原作，而是临摹品。认为是临摹本的观点中，又有两个争议，一个认为此画差不多是东晋时期的临摹本，另一个则认为是唐代的临摹本。你有什么意见？"

我聊了一下自己的观点："这幅《女史箴图》我初步看过，虽然只看了一天，但是我认为这幅画应该是临摹本，不是顾恺之的原作。"

他问我："为什么？"

我说："画幅开头的两个人物的笔法不一样，第一个人物开始下笔的时候毛笔上水太多，没有勾出'游丝描'很细很细的效果。画了一个半人之后，笔法才改成了'游丝描'，这是临摹才会出现的情况。这幅画有人说是分两段，还有另外一段，我认为只有这一段。"

他追问："为什么？"

我说："从开始的这两个人物看，就可以断定这是一幅画的开头。作画的时候，画家会从中间主要的人物开始着笔，而临摹则是按顺序一个一个画，从边缘上的侍女开始画，这样画是临摹者的工作程序。"（图 2-5、图 2-6）

马柯斯教授听后很欣赏，认为我比较专业，讲得很中肯。

我分析画旁边的题字，认为是南朝时期的书法，还没有到唐

图 2-5 《女史箴图》图首　顾恺之　东晋　　　图 2-6　女史箴图（局部）　顾恺之　东晋

代。根据藏经洞的《佛说生经》[南朝陈太建八年（576）僧人释慧湛所抄经书]中的笔法断定，画上的书法是南朝时期的风格。所以我估摸这幅画应该是顾恺之同时期人或后朝人临摹的。

我继续说："如果要进一步发表意见，必须让我临摹一下，临摹以后，我再写篇论文。"

令我意外的是，马柯斯非常支持这一想法，他说："我来给你申请临摹手续。"

一周后，他告诉我，申请成功了。我又花了整整两个月时间临摹《女史箴图》（图 2-7）。我只选择了临摹画作后半段，因为前半段破损严重，笔法看不太清楚。

临摹完《女史箴图》后，离回国还有些时间，大英博物馆的管理人员问我："正规编号的绢画都看完了，还有一些残片，是当时打开绢画掉下来的，有的两三个手指大小，有的半个巴掌大，你还要不要看？"

我说："都要看！都要看！"

管理人员把 371 个编号的残片也按照顺序一一拿给我看。我边看边认真记录，帮韦陀先生找出了很多残片在原作中的具体位置。有很多残片是一些竹叶或者一节手指，我帮助他辨认残片的年代，确定在原作中的位置。这些残片按年代归类，被录入计算机，通过特定程序将画作复原。这个工作非常有趣。

沉浸在绢画研究之中，不知不觉一年的时光就要过去了。当初伦敦大学给了我 2000 英镑的研究赞助费，还有伦敦中国城唐人街光华书店的林玮女士，听说我来英国研究绢画，给了我 3000 英镑的资助。我在英国没有银行账户，钱也不方便带在身上，所以将伦敦大学给的 2000 英镑寄存在韦陀先生那里。回国的时候，我要把 2000 英镑留给韦陀夫妇，算作我的食宿费，表达我对韦陀先

图 2-7　作者在大英博物馆临摹顾恺之《女史箴图》

生的一点微薄感谢之意，但是他们无论如何也不肯接受。

但我在这儿一年总不能白吃白喝，不然心中实在难安。所以走的时候，我就说："钱暂时先寄存在你这里。"

两年之后，我送女儿去伦敦大学读书，又见到了韦陀先生，他说："你还有 2000 英镑在我家。"

我说："那就算了吧。"

他说："不行，这是伦敦大学赞助你的钱。"他把钱取出来给我，我真是盛情难却，也深深被韦陀先生的人格所折服。

在韦陀先生家的时候，还有一段插曲。因为每天吃住在一起，我发现他的夫人英淑教授有眩晕症。她每天会有一两次晕厥过去，每次大概一两秒钟。她曾在英国、日本、韩国、中国看过此症，中药和西药都吃过，但效果都不明显。眩晕症这个病，全世界也没有什么特别有效的治疗方法，只能缓解。

我 16 岁开始学中医，学了 3 年，后来又到部队医院专门学过针灸、按摩，还在农村当过三四年的赤脚医生。中医治病讲究起因，要找到病根，然后对症下药。

我就问她："你眩晕多久了？"

她说："从去年开始，有一年多了。"

经过观察，我发现她的眩晕是压力导致的。英淑教授 40 岁时开始写博士论文，到了 60 多岁一直没有出版发表。她的导师一直觉得还可以更加完善，所以她的精神压力非常大，每天都在找资料。

我告诉她："你不能每天都工作到夜里两三点啊！"因为这么晚已经违背了人体的正常作息时间。

我跟她说："你的病是从心里面产生的。"我写了四个字"病由心生"。

她不会说中文，但是能看懂，看了我写的字，她从凳子上站起来，问："你是怎么知道的？"

我说："这句话不是我说的，是释迦牟尼说的。"

我接着说："你的病就是因为心里的各种压力而产生的。"

她问："可不可以治疗？"

我说："我可以用按摩的方法试试看，另外还要看你能不能按照我的要求配合治疗。"我想用中医的按摩疗法，帮她把气血调正。

我开出第一个条件："你的论文必须马上出版，不要被这件事情再拖累了。世界上任何事情都不可能十全十美。中国的《庄子·内篇·养生主》中有说：'吾生也有涯，而知也无涯。以有涯随无涯，殆已。'也就是说用有限的生命，去追求无限的完美，那是非常危险的事情。"

她默默地点头，我继续说："韦陀先生现在必须放下一切其他工作，全力帮助英淑教授修正论文中的文字、语法。"因为英淑教授是韩国人，她在英语文字表述方面没有韦陀先生那么熟稔。

接着我开出第二个条件："你必须每晚 9 点停止工作，并接受我的按摩，10 点必须睡觉。"按照西方的医学研究，人体仅在晚上 10 点到次日凌晨 4 点产生激素，此时是恢复人体免疫机能的最佳时间。每天工作到半夜两三点，违背了自然规律。

就这样，英淑教授接受了我的治疗方案。情况开始慢慢好转，英淑教授原来每天眩晕一两次，大概一周之后，出现了一两天的间断。3 个月以后，英淑教授全身的气血基本恢复，约莫每周出

图 2-8　作者在英国韦陀先生家

现一次眩晕。再后来，眩晕次数越来越少。5 个月以后，就没有再出现过眩晕的症状。

治病要用心，这点是极为重要的。《备急千金要方·大医精诚》中说："若有疾厄来求救者，不得问其贵贱贫富，长幼妍媸，怨亲善友，华夷愚智，普同一等，皆如至亲之想。"要视病人如自己的亲人，这样才能够治好病。他们夫妇对我无微不至的照顾令我心存感激，所以我也非常用心地去帮助他们。（图 2-8）

有一天吃饭的时候，英淑教授说："成水，再过几个月你就要回国了，我可怎么办？"

我发现她的心理压力又出现了，便说："你已经好了啊，已经没问题了。"

我从第 7 个月开始停止给她按摩治疗，并想方设法稳住她的心神。在后来的三四个月里，我经常关注她，怕眩晕症出现反复。

有一天，她带我去一个小商品市场逛街，回来的时候，她感觉身体有点不舒服。学校办公室没有床，不方便按摩。我突然想到，她今天上午一直没有喝水，就让她喝点热水。结果喝了水，她马上就缓过神来了。

她就很吃惊地问我："热水也能治病？"

我笑着说："不是，因为整个上午你没有喝水，身体就处于虚弱状态，生活作息不规律就会导致生病。人每时每刻都要关注自己的身体状况，而不是等到生病了才来治疗。渴了需要饮水，起居要有规律，疲劳了要休息，等等，这些都要非常用心的。"

我回国之后，英淑教授给我写了一封很长的信。她在信中说，我是释迦牟尼派去救她的。这是一种友谊，也是一种情怀，因此我才能这么顺利地完成研究。但对我来说，真正需要感恩的是韦陀夫妇提供的帮助，让我圆满地完成了敦煌艺术研究的另一个愿望。

在英国观摩了一年的绢画，我发现很多古代绢画的画法和现在有许多不同，有些表现手法已经失传，后来我将所发掘的画法整理成论文《遗失千年的敦煌绢画技法》。这次考察研究，也让我从迷雾中找到了敦煌绢画和中国传统绘画的联系，以及对传统绢画的影响。中国卷轴画的发展和西藏唐卡的形成，都受到敦煌绢画的影响。唐宋时期，绢画一直在宫廷之中传承，到了宋代水墨画发展以后，绢画逐渐被宫廷冷落，仅在民间保存并流传发展。历代佛教水陆画的技法基本上传承了敦煌绢画的技法，最典型的就是现存于山西宝宁寺的一套明代佛教水陆画，为此我专门写了一篇论文《敦煌绢画和水陆画的传承》。

解密遗失千年的敦煌绢画技法

我从事绘画工作，而且有过油画的学习经验，所以当我看到大英博物馆收藏的这批 1000 多年前的稀世珍宝时，内心非常感慨。中国古代绘画中的许多传统技法及审美观念，仍然值得今天的艺术创作者学习和借鉴。特别是一些失传的技法，艺术工作者更有责任让其在现代艺术中重新绽放光芒。中国的现代艺术在世界艺术潮流中处于弱势，原因有很多，需要我们思考和努力。在这里我仅对敦煌绢画的表现技法，特别是一些现在失传的或运用较少的技法，做一些介绍。

莫高窟第 103 窟壁画　青绿山水　唐代

一、丰富浑厚的绢画色彩塑造

经研究，我们发现敦煌绢画与敦煌壁画的艺术表现手法基本上是一样的，特别是在色彩表现的厚度上，敦煌绢画与墙面壁画的效果不相上下（图2-9、图2-10、图2-11）。但今人在绢本上作画的色彩厚度上的表现，似乎失去了古人那种胆识。当然，绘画艺术不以厚薄来决定成就高低，薄画法也是其中一种风格，但这里只谈厚画法的失传。

国人在绢上塑造色彩时，当然也希望塑造得丰富而浑厚，但往往因胆怯而达不到一种饱满的效果，显得单薄无力，因而难以在当今世界艺术界引起重视。当然，在绢上作画，不像在墙壁上作画那样可以将颜色画得厚实，因为在绢帛上颜色厚了就会掉落。除却敦煌绢画以外，历代留存至今的绢上绘画大抵都采用薄画法，从顾恺之的《女史箴图》到张择端的《清明上河图》，比比皆是。虽然在唐宋时期也有一些比较厚的画法，如《簪花仕女图》等，但都无法和敦煌绢画的厚度相比。宋代王希孟的《千里江山图》，青绿色画得很厚，但画作中色彩最厚的山顶部分也有大块掉下来的蓝绿色块。所以，后来的画者在上色后仍能略见布纹的起伏，就停止施色了，担心再厚色彩就会掉下来。直到今天，在绢上作画都是如此。

而敦煌绢画中则有不少画得很厚的，色彩完全盖住了绢的纹理，其塑造的效果完全与西方古典绘画相同（图2-12）。每当我看到这些层叠有致的敦煌绢画时，我立刻想到大英博物馆收藏的那些优秀的西方古典绘画。中国古代艺术家对色彩空间的领悟与西方绘画的色彩塑造情感完全一样，不同之处只在于材料上的区

图 2-9　敦煌绢画——供养人　大英博物馆藏

图 2-10　敦煌绢画——供养人　大英博物馆藏

别。更为重要的一点是，敦煌绢画经历了 1000 多年时间长河的洗礼，仍有色彩不掉落者（人为损害的除外），有的仍然亮丽如新。如编号为"Stein painting：07"的残观音金黄色裙裤，颜色不但像

众生虔代如電光
慈悲觀音濟群品
捨施淨肌咸真偽
慈悲觀音濟群品
頃史菜盡即无常
愛何芒痛作橋梁
元朋曜皎綵繪花

國界清平之敎造大聖
大悲救苦□世音菩□□小元供養
□師國
□帝識敎中監張有成心
供養

图 2-11 敦煌藏经洞绢画 大英博物馆藏

图 2-12　敦煌藏经洞绢画　大英博物馆藏

图 2-13 敦煌藏经洞绢画 大英博物馆藏

油画那么厚，而且非常美丽，仿佛在寂静的空间里绽放一种神奇的光芒（图 2-13）。

中国近几年也出现了一些用色较厚的画法，但也只敢用在其他材料上，在绢帛上的制作仍没有达到敦煌绢画的效果。尽管如此，这些厚画法也存在严重的问题。我在全国美术作品展览中看到的厚色画的作品，就有当场掉下的色块，更难说能经得住多长时间的考验了，这就是制作上的技巧问题。何况有的作品还有点"急于求成""粗制滥造"。

艺术作品之所以存在，正是因为蕴含了民族独特的形式语言和无法替代的审美经验，这一点值得反思。中国古代对每一个色层的用色用胶都非常考究，特别是胶的运用，太厚太薄都会产生剥落现象或影响色泽，这一点倒像西方古典油画的制作技巧的原理。现代人失去了对色的研制和用胶的制作耐性，只追求表面"效果"的速成，所以最多也就只能保持几年的时间。根据我们的经验，矿物色粉与胶的调合比例是以画上去颜色干后仍能轻微擦下色粉为准的，之后画者再一遍一遍薄薄地往上塑造，直至达到满意的艺术效果为止。

二、画刀的妙用

前面所讲的绢画"厚色法"，是用毛笔反复塑造几遍画成的。这里我要讲另一种少见的工具所制作的敦煌绢画。传统的中国绘画工具有"文房四宝"笔、墨、纸、砚。这里的"纸"包括了"绢"和"帛"，"墨"还包括了各类颜料。但是从敦煌藏经洞出土的绢画中发现，早在中国唐代的绘画，就使用了一种"画刀"，这种"画刀"与西方油画中的画刀相似，很薄且有弹力，可刮下画布颜色，也可以代替画笔往布上抹色。

上面已述，敦煌绢画中有不少色彩很厚的画面，有的是用毛笔一遍一遍直接塑造到一定的厚度，有的很厚的颜色是用一种"刀"抹压上去的。大英博物馆编号为"Stein painting：11"的大型绢画（图2-14），就在同一张作品中同时应用了以上两种技法。

这是一幅弥勒经变画（图2-15），在这幅画中所有佛光中最亮的白蓝色是用"刀"刮抹上去的，其他的则是用毛笔画成的。在这些带蓝色的白块上，从原作的侧面可以看见明显地受到抹压成镜面的光亮面。在较薄的地方也可以看到，抹压过后白颜料挤进了纤维孔洞，很匀称地露出了绢布纤维交叉的点。因为交叉点较突起，抹压过后会自然弹起露出，这是只有用抹压法才可能产生的特殊效果。如果是用毛笔上色，这些布纹交叉点上仍会盖满颜色。这里面不排除两种方法：一种是先用笔将厚颜色堆放好，

图 2-14　敦煌藏经洞绢画　大英博物馆藏

然后用"刀"来回反复抹压；另一种是直接用"刀"挑起颜色一点一点抹压上去。在西方油画中常使用这两种刀法。用"刀"抹压画出的色彩比用笔画的更加厚。

　　这幅大型经变画，由于使用了笔和刀两种工具，为我们展示了极其珍贵而有意义的对比资料。毛笔上色的部分，虽然至今保持得很好，但与用"刀"画的部分相比就弱了一些。用"刀"抹压画成的色块，虽然很厚，但色块更不易剥落，保存更好。这是因为"压"的力度使色牢固地渗入绢的纤维和空隙之中。

我们从图2-15中的局部可以清楚地看到，在这块蓝白色中间，右沿有一块很厚的纯白色，而且可以看出其走向是由右向中间抹去的，并与中间较薄的地方很自然地、不留痕迹地衔接在一起。这说明这种"画刀"很薄而且很有弹性，否则会出现不均匀的生硬刮痕。

这种"刀"与西洋油画中的画刀相似，是由很薄而富有弹力的钢片制成的，也不排除用很薄的竹片来代替这种"画刀"的可能，因为用很薄的竹片有时也能抹压出相似的效果。但不管怎么说，这种"刀"和画法很值得运用在今天的中国画中。在敦煌绢画中，编号为"Stein painting:26"的《水陆天王行道》图（图2-16）

图2-15　敦煌藏经洞绢画　大英博物馆藏

图2-16　敦煌藏经洞绢画　大英博物馆藏

中的白马颈部和后腿处的白色，也是用抹压的方法画的，"Stein painting：35"中有的色块也采用了抹压的画法。

三、草稿和正稿浑然合一

　　敦煌壁画中的绝大多数作品，是不另打草稿而直接在墙上起草稿和同时画正稿的，敦煌绢画也大都是这样画的。但是在今天的工笔卷轴画中可以说是失传了。特别是现代工笔绢画的制作，都必须另外起草稿并多次易稿，最后将修正的草稿拷贝到绢布上，而后再依次上色完成，写意画不在此论。这样画出的画面往往由于过于追求"准确"而失去更重要的艺术生气。这些经验，我相信每一个画画的人都应该有过，常常草稿比正稿更有生气，更富有情感。作为艺术，第一次创作往往激情饱满，自己对自己的作品每临摹复制一次就减弱一次，至少失去了第一次原创的激情。倘若是临摹他人的作品那就更要大打折扣了。有人说可以把敦煌壁画"临摹到与原作同样的艺术水准"，这完全是自欺欺人的说法。作者的第一次"原创性"情感是非常宝贵的，每个人都知道，但是因为不知如何留下这种激烈的情感，如何与正稿结合，还担心处理不好会影响"正稿"，所以只好忍痛"割爱"，皆以"谨慎为佳"，另外再复制正稿。殊不知，艺术最忌讳的二字就是"谨慎"。

　　不少艺术家来敦煌看了壁画中的直接起稿法，尽管明知很好，但仍不敢在卷轴画中尝试，或尝试时总不得要领，最后只能"怪罪"于纸和绢吃不住色、覆盖力差而作罢。说实在的，我最有同感。在此之前，虽也看过敦煌绢画的印刷图片，发现在正稿中仍见草稿线的画面，我以为是因为年代久远而剥落露底。当我看到原作之后，豁然开朗，原来都是草稿和正稿的有机结合，而产生了一种更自然更单纯的空间。

如这幅菩萨像（图 2-17），可以同时看见两层形体线条：底下一层是起稿线，上面一层是正稿线。起稿线比较粗大、随意，特别是菩萨鼻子的起稿线，与上面一层的正稿线错位很多，而且底稿线中画的鼻翼部分太扁了，不成形。但在底稿线上覆盖有白色，同样的墨线通过白粉的图层遮盖而变成浅灰色，与上面第二层正稿线正好形成了一深一浅的层次空间。原本要"废弃"的草稿线，却成了形体塑造的一部分，甚至产生了形体的明暗效果。有的作品还特意保留了底线不再重勾，如眼窝线等，使原本"简单"的塑造产生了变化丰富的画面空间，表现得非常轻松愉快。

这种例子在敦煌绢画和壁画中有很多。1000 多年过去了，人们还能清楚地看到古代艺术家的创作激情。

四、用刻印法追求黑色的明亮

版画自明清以来迅速发展，成为当今的重要画种之一。但凡画过画的人都清楚，用笔画出的色块很难达到版画那种"刚劲""明快""响亮"的效果，换句话说，毛笔画出的色块"柔"度较大。画者在创作时往往会为画面上某一块色彩"亮"不起来而伤透脑筋，特别在绢上作画，水性及植物颜料难以画出厚度，如墨色、藤黄、花青等色，最后只好留下某种遗憾。同样，中国古代的艺术家在敦煌绢画的制作上也遇到了这个问题。

很有意思的是，在敦煌绢画中为了让某一色调达到整体的和

图 2-17　敦煌藏经洞绢画　大英博物馆藏

谐，采用了毛笔和刻印相结合的方法。即在所需的形体或某些部位上，另外用一张纸画好相同大小的形体轮廓，然后沿轮廓线剪刻成镂空状，再套在所需要的形体位置上，用笔或刷子将颜色拓印上去，可以拓印多次，直到满意为止。

这种方法最早见于唐代初期的敦煌绢画中，如"Stein painting：345"（残片新号），这个飞天的黑色头发明显为两个浓淡层次，底层的淡色是毛笔画出的效果，而上层浓郁的部分则是运用拓印的方法（图 2-18）。刚开始我还没有发现头发部位的特别之处，只是感觉这块黑色特别明亮。因为毛笔填色往往达不到这种亮度，而且边缘的轮廓比毛笔画的更为生硬，我就用放大镜仔细察看，发现这块黑色的边缘有用刀刻剪过的纸板拓印的痕迹，特别是飞天的左额角和顶上左边缘的转角痕迹生硬而明显，这个局部肉眼也能有所察觉（图 2-19）。另外，作者在制作这块"印版"时并不要求绝对准确，拓印的时候有些"错位"，特别是发根部。但是整体看上去它又十分谐和，可见这一方法是根据画面需要而采用的。制作所需图形时可以用刀刻或用剪刀剪裁，所用材料可以是纸或绢，这种方法在敦煌绢画中出现得不是太多。与这个飞天相对的另一个飞天（现藏于法国）的头发也是采用相同的制作方法。

此外，这一方法还多用于画面下方供养人的发饰和帽冠的表现。如在编号为"Stein painting：01"和"Stein painting：05"的两幅大的经变画中，由于供养人位于画幅的下方，所占比例较小，视觉上会不"醒目"，画家便采用这种画法使之更为"突出"，这当然也是为了"讨好"施主。在这些供养人的帽冠制作上，有些比

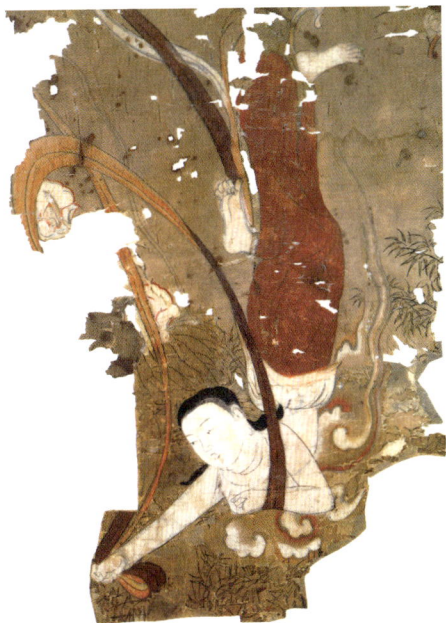
图 2-18　敦煌藏经洞绢画　法国吉美博物馆藏

图 2-19　敦煌藏经洞绢画　法国吉美博物馆藏

较粗糙，能看见特别显眼的剪刻的生硬棱角。

尽管出现的频率不多，但这种"刻印"与绘画相结合的方法成为敦煌绢画中极为独特的绘画技法之一。

五、以颤笔法表现生命的力量

关于颤笔法，元代夏文彦的《图绘宝鉴》就曾提到李重光和周文矩的画用了"颤笔"，说"其行笔瘦硬战掣"，"战掣"就是"颤抖"的意思。

在北京故宫博物院，我看到了周文矩的《文苑图》，其中未见有颤笔描，不知他是否在人物画中不用颤笔。倒是故宫博物院藏的宋代李嵩《货郎图卷》中的人物，使用了明显的颤笔法，特别是货郎肩上扁担的线条画得尤为颤抖，也许是为了表现在行走中因两边货物的重担而上下晃荡。不过，这些颤笔法用得不太明显，不留心注意似乎感觉不到。

尽管夏文彦记载得如此详实确切，"颤笔"是"瘦硬战掣"，但这种真正的颤笔法到今天仍没有一个很明确的范本，因而也就产生了一种模糊的概念。当今画界似乎也有人提出某某画家用颤笔法，但我认为那些线条并非颤笔，而是顿笔法或转笔法，即利用笔的停顿或不断转动而画出的线条。如著名画家李可染、钱松喦等，所画线条大多采用的是顿笔法。"颤笔"应该是左右颤抖产生的线条，这样才会有"战掣"之感。

敦煌绢画为我们展现了真正的"颤笔"线法的表现和运用，如大英博物馆藏编号为"Stein painting：69"（图2-20）的绢画。这是一张唐代武士的绢画，四边残缺。画的作者采用了钝厚且粗壮有力的中锋笔法勾勒武士的手。为了表现武士张开的手的力度，作者在其手背画有三条表现筋腱的线条。这三根清晰的线条像锯齿一样，采用左右颤动的笔法画成，无比真切地合乎"战掣"之意（图2-21）。在手腕和前臂肌肉的线条上，作者也采用了这种颤笔处理，我们观之，仿佛能穿越时空，感受到作者当时激动的情绪，幻想他自己就是一名孔武有力的勇士，用笔遒劲有如武士的气势，力道千钧而浑然天成。特别是腕部那根较粗的横线中蕴藏了三个非常壮实而有力的"锯齿"，此处强调了三个来回的"战掣"笔法，令人隐隐感到武士内心激越的热血在皮下急剧奔腾而过。这些"颤笔"在画作中不仅合情合理，而且生动和谐，与手指上的圆实钝厚的线条相伴，形成了对比强烈而富有张力的美，

图 2-20　敦煌藏经洞绢画　大英博物馆藏

图 2-21　敦煌藏经洞绢画　大英博物馆藏

表现了生命的律动和气韵，完美地表现了中国武士"外柔内刚"的武道境界。

当然，在敦煌的早期壁画中也出现了类似的"抖笔"线法，如莫高窟第249窟飞天飘带口的白线出现弯曲密集的"抖线"（图2-22），表示飘带在风的吹拂下产生的更细微的"波动"。当然，只有极薄的丝绸才会在大风中飘卷，同时又在边口产生这种极小的连续波动纹。由此可见古人对生活与自然观察之精微。这两种表现手法各有不同，表现精神也不一样，一种表现的是生命内在精神，一种表现的是外在自然现象。

在这里我们看到古人对艺术创造的最高法则与技巧，即对"宇宙""自然""生命"的传神的把握。

图 2-22　莫高窟第 249 窟壁画　西魏

敦煌绢画对中国传统绘画的影响

在大英博物馆观摩了一年时间的敦煌绢画，通过纵向对比，我发现敦煌绢画对之后中国历朝历代的绘画产生了巨大影响。

虽然敦煌绢画在造型、色彩以及主旨内容上与敦煌壁画有许多相似之处，但我们仍然强烈地感受到绢画独特的艺术语言所呈现的奇光异彩。在绢帛上使用重彩表现艺术画面的方式，的确令人耳目一新。相比之下，在此之前出现的战国帛画、汉代画像砖、顾恺之《女史箴图》、展子虔《游春图》等，都是用很少或很淡的色彩。

一、敦煌绢画本是敦煌壁画的衍生品

在讲绢画之前，必须先阐述清楚石窟壁画的由来。

佛教起源于印度，从汉代开始传入中国。但佛教的真正兴起是在南北朝时期，佛教艺术也在此时期应运而生，尤其开窟造像，盛极一时。当时的石窟壁画和造像也是自外域传入。敦煌地处西部边陲，最早在北凉时期受到西域绘画和造像的影响，如莫高窟第 268、272、275 等窟。西域佛教艺术虽来自印度，但也吸收了中亚和波斯一带的艺术形式，形成独特的艺术风格。北魏时期以后，敦煌的石窟壁画和造像转向直接从印度传入绘画的范本和造像式样。

无论佛教艺术从哪一条路线传入，其对中国本土艺术影响最大的就是色彩的表现。在此之前，汉民族本土的绘画用色单调，佛教艺术的传入掀起了一场色彩缤纷的艺术盛典。汉地艺术家很快将这些缤纷绚丽的色彩结合到中国式的线造型表现中，并从西魏、北周开始逐渐融合发展为自己的艺术风格。用中国的情感线条作为筋骨，以外来丰富的色彩作为皮肉的艺术表现形式，为中国艺术开辟了一个崭新的世界。这种艺术形式与汉民族审美相契合，在隋代和初唐得到进一步完善，在盛唐时期完美地形成了汉民族的独特艺术风格，线与色的表现双双达到一个绝顶的境界，成为中国乃至世界艺术史上一座耀眼亮丽的高峰。

敦煌绢画产生于这一时期。重彩绢画的诞生来自一种偶然的佛事活动的需求。敦煌石窟中已经布满了铺天盖地的壁画，并不需要再悬挂这些绢画，且绢画内容主旨大部分与壁画相似，比如构图繁杂的大型经变画、佛传故事画、佛像、菩萨像、天王像、供养人画像等。大型经变画中有《佛说法图》《弥勒经变》《药师经变》《观音经变》《维摩诘经变》《文殊普贤经变》《十王经变》等等；菩萨像有观音菩萨、地藏王菩萨、引路菩萨、供养菩萨等。所以推断，这些绢画是用作石窟之外的佛事活动的。

我们从敦煌藏经洞出土的大量文书记载中，发现敦煌地区佛事活动的法会很多，如从正月初一就开始的弥勒佛圣诞法会、正月初九供佛斋天法会、二月十九日观音菩萨圣诞法会、四月初八佛陀圣诞法会、六月十九日观音菩萨成道纪念法会、七月十五日盂兰盆会、七月二十九日地藏王菩萨圣诞法会、九月九日重阳狮子会、九月十九日观音菩萨出家纪念法会、九月二十九日药师佛圣诞法会、十一月十七日阿弥陀佛圣诞法会、十二月八日佛陀成道纪念法会……每种法会的内容都有侧重和指向，如当时的盂兰盆会，是以百种物供养佛法僧三宝，以报父母长养慈爱之恩。但不管何种法会，都离不开主要的佛像和菩萨像，因此就诞生了各种各样的可移动和悬挂的敦煌绢画。

也许敦煌绢画的作者起初只是由于佛事需求，把石窟壁画转移表现到绢上。从现存的绢画上可以看出，其色彩厚度、线条的表现以及画面的制作程序都与洞窟壁画制作无异，所使用的颜色种类也与洞窟壁画相同，应该说敦煌绢画是洞窟壁画作者"顺手附带"的再版产物。尽管如此，敦煌绢画的艺术家们仍然在每一块绢布上倾注了他们对艺术的全部激情。敦煌绢画的艺术家们意想不到，将壁画转移到绢帛的这一小小的"顺手"而自然的转换，对后朝后代的绘画艺术产生了举足轻重的影响。敦煌绢画这一艺术表现形式的出现，为后来中国的卷轴绘画中的重彩画开辟了一个光芒万丈的新天地，使中国绘画艺术在色彩表现上登峰造极，成为汉民族代代相传的丹青语言，并深刻影响了周边国家和整个东方世界，也因此奠定了中国在东方艺术世界中的审美特质。

1000多年过去了，回首这批绚丽多彩的艺术瑰宝，我们会惊奇地发现，敦煌绢画从石窟壁画走下来之后，随着社会的发展，以绢本、纸本绘画为表现形式的卷轴画成为新兴的主流绘画形式，成为汉民族艺术发展和传承的主要脉络，延续着中华民族的艺术生命。

二、丰富的艺术表现形式

敦煌绢画的表现形式，除了极少数的粉本和作为洞窟参考的摹本之外，大部分都是为了佛事活动而创作的佛教绘画。敦煌绢画大都画在绢本上（也有少数画在纸上，纸本尺幅都很小，可能因为当时没有纸本装裱），画布大小并无一定之规格，大型绢画的幅宽有167cm的，幅高有超过200cm的。

之前出现过的绢画画法和敦煌绢画的画法大相径庭，如战国帛画《人物御龙帛画》（图2-23）和东晋顾恺之的《女史箴图》，以及隋代展子虔的《游春图》（图2-24），用笔基本以纤细墨线为主，用色很少。我临摹大英博物馆藏的《女史箴图》时发现，该作品中人物的衣着服饰均上过一层很薄的颜色，然后再沿墨线渲染上朱砂。若察看画作的照片是无法发现这个细节的，只会以为衣服没有设色。这说明这些绘画即使有大块面积设色，也是极清淡平薄的。

敦煌绢画的色彩最为浓厚艳丽，有的甚至可以覆盖黑色浓墨线，可见敦煌绢画是完全仿照洞窟壁画的效果来画的。其造型线条与用色的关系也与同时期的洞窟艺术风格相仿。所以，在考证

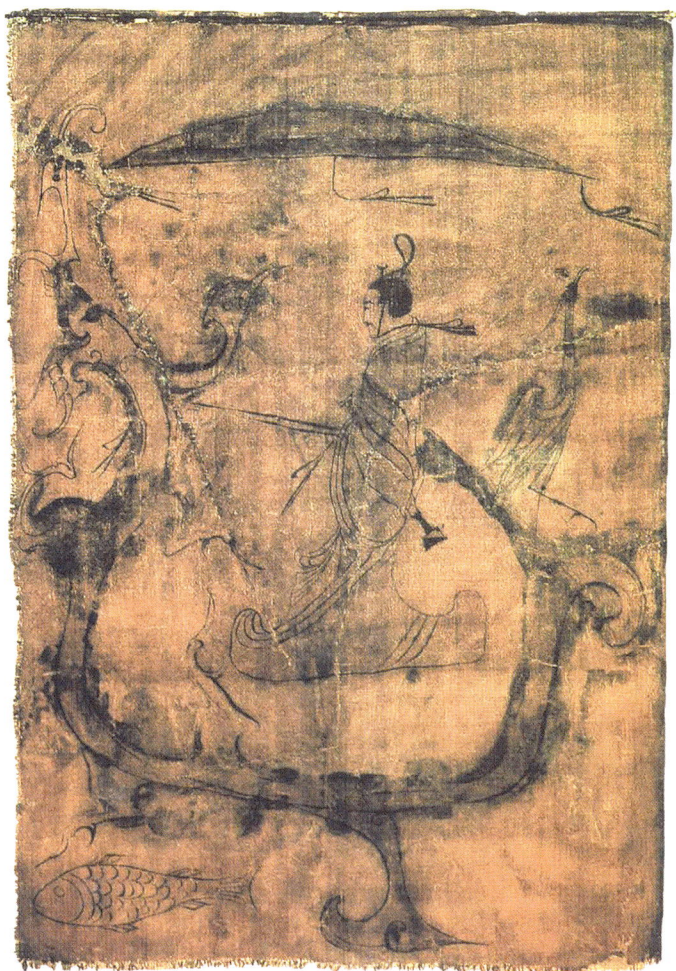

图 2-23　人物御龙帛画　战国

这些绢画的时代时，同样可以参照洞窟壁画的画风来断代。

　　将石窟墙面上的壁画重彩画法施展在绢布上，画面效果雄厚绮丽，这是汉民族绘画从少彩、淡彩到重彩表现的一种大突破和飞跃。有的画作的色彩层叠厚积，以致遮住了绢布纹理，效果与西方的油画近似，浑厚而华丽。这种审美效果的产生，孕育了中

图 2-24　游春图　展子虔　隋代

国绘画史上的工笔重彩画法。画面色彩的构成和表现形式在唐代完美成形，从此成为汉民族独特的色彩艺术审美式样和风格。

在英国研究绢画时，我发现其中有一些技法现在失传了，特别是在民族审美上的丢失——没有了那种"跃然纸上"浑厚亮丽的神韵。在技法上最重要的就是对色彩塑造的"写"法的丢失，现代人大都只会用平涂法和晕染法，缺乏塑造的张力，而"写"法才是中华民族艺术最优秀的情感表现手法。

另外，在工具上也有失传，比如之前举例的唐代《弥勒经变》绢画中，使用刮刀的绘制方法。对刮刀的使用并不是西方油画的专利，早在唐代的绢画上就已经"刀笔娴熟"了。1000多年过去了，画面上还能清晰辨识出刮刀刮出的光亮的镜面。

绢画的色彩颜料也与石窟内的壁画相同，诸如青金石、石绿、土红、朱砂、朱磦、墨、花青、铅白粉、高岭土等。或许可以说，这种在绢上用浓重的色彩表现的画法，就是流传至今的中国传统绘画中的工笔重彩的鼻祖。

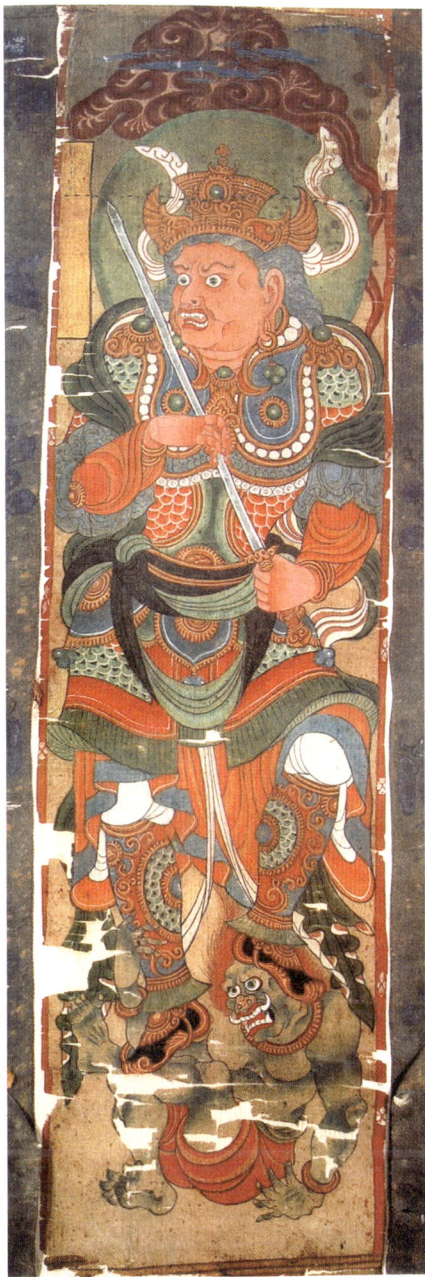

图 2-25 敦煌藏经洞绢画 大英博物馆藏

敦煌绢画的装帧形式非常独特，每一幅绢画完成后，背衬一块同样大小的布（如麻布）作为衬底，不用糨糊贴裱，在四边缝上带装饰性的布边。为了突出绢画，四边装饰的布色与绢本有所区别，一般染以花青或赭石色。在画的上方缝上可悬挂的布带，这种双层布质相衬的绢画不便如筒状卷起收藏，只宜如叠衣服一般叠成方块收藏。

我在大英博物馆目睹了两件封存不动的藏经洞绢画原件，是当年斯坦因带回时的原貌，两幅绢画叠成方块形，上面还留有莫高窟的细沙尘土。这两幅绢画，已经不能掀动了，轻轻掀开一点就可听见绢布断裂的细微咔嚓声，没有揭开装裱，所以无法知道里面画的是什么。

这种最原始的装帧方式叫"通景"装裱，古代叫"幀"（zhèng）。从这种以"幀"为展示绘画装裱的方法看出，当时还没有如卷轴画用糨糊装裱的形式，但是这种卷轴画的悬挂方式的审美需求已经出现了（图 2-25）。这里，也不难看出，后来出现的用纸和绫来装裱的卷轴画的形式，应该也是由敦煌绢画的形式演变过来的。值得庆幸的是，如果敦煌绢画在极其干燥的沙漠地区不是采用"幡"的装裱方法以及折叠的保存方法，而采用卷轴状的保存方法的话，那么今天打开它们时必成粉末状，就再也无法看到这批珍宝了。

我们在现藏的敦煌绢画中可以看到，凡是折叠拐弯处都会有很大面积的损失，因为卷折容易折断丝质纤维。大英博物馆也因为打开这批绢画进行装裱而断裂出了一大批绢画碎片，每块碎片编一个号，共有370多个碎片编号。无法编号的粉末就不计其数了。

敦煌绢画表现的内容异常丰富，其中有一批作为超度亡灵用的绢画，如"引路菩萨"（图2-26）、"地藏王菩萨"（图2-27）、"十

图2-26　敦煌藏经洞绢画　大英博物馆藏

右图2-27　敦煌藏经洞绢画　大英博物馆藏

图 2-28　敦煌藏经洞绢画　大英博物馆藏

王经变画"（图 2-28）等。"十王经"在佛经中是没有的，为后人所编撰，这完全是儒、道思想融合的体现，这些画面与后来形成的佛教水陆法会的水陆画内容相关。

三、绵延千载的文化影响力

　　用绢画来表现壁画的艺术现象，应该说为中国各地所共有，因为各地的石窟与法会都是相同的，包括现在我国的各大石窟都有壁画和雕塑上彩，只是因为潮湿导致剥落无存而已。换句话说，敦煌绢画的表现形式，应是由中原传到敦煌，因为敦煌根本不生产绢。由于气候因素，敦煌保存了如此之多的壁画和绢画，所以成为典型性代表。敦煌也完全可以代表中国石窟艺术的演变和发展的整个过程，用来阐述中原地区的佛教艺术对历代中国艺术的影响。所以，敦煌艺术是中国石窟艺术不可分割的一部分，也是中国石窟艺术的一个缩影。

从唐代阎立本及周昉等画家的作品中可以看出，他们的绢本绘画作品出现了色彩丰富的重彩画。在此之前的绘画都没有出现过这样大面积的色彩，更没有出现过强烈而浓艳的色彩表现方法。可以看出当时敦煌绢画的表现形式不仅在民间流行，也直接影响到了宫廷艺术。

敦煌壁画和敦煌绢画的艺术表现形式，在唐代完美地达到了汉民族艺术中的线与色彩表现的最高峰。但伟大的唐代艺术家们，仍然能把握住汉民族对"线"审美的不舍追求，让线的表现始终在画面中保持主导地位，即"线领导于色，色服从于线"。这种表现形式从唐代之后至宋代尤为兴盛，成为一套完整的汉民族艺术语言体系。

这种艺术表现形式不仅在当时中国的唐代朝野盛行，而且迅速传到韩国、日本等周边国家和地区。唐代敦煌绢画形成的重彩画法，也被完整地继承到西藏唐卡艺术中。唐卡艺术不仅是画法，而且连装帧都保持了唐代绢画的制作方式，只是将绢本改成布（或麻布）来绘制，并用腻子粉打底来减弱布的粗纹理，这都是为了在高原游牧生活中便于携带。唐卡艺术保持敦煌绢画的"幡"的装裱形式，也是为了可以随意折叠和方便携带。由于唐卡画面使用布代替了绢，其背面就可不必再加布了（现代有用衬布的，并上下添加了木棍），画面四周直接用绸缎缝成边饰。可以说唐卡艺术是敦煌绢画的活化石，唐卡艺术表现语言和形式应在唐代时期就传入了西藏。

西藏唐卡艺术唯一不同于汉传佛教艺术的就是人物的造型，因为西藏造像与绘画是以佛教《佛说造像量度经》来绘制的。《佛说造像量度经》是一部用于规范佛教造像尺寸的经书，成书于印度笈多王朝时期，早期也传入汉地，但汉民族并不喜欢这种规定好的造像尺寸，所以，在中国汉地不使用《佛说造像量度经》。其实印度笈多王朝的造像也没有按照《佛说造像量度经》的尺寸来制作，但这种规范的尺寸恰恰切合了当时西藏吐蕃民族的审美，一直沿用至今。

我们不难发现唐卡艺术中的线条虽然精细，但它还是属于中国式的表达情感的线条（图2-29），而非印度式的装饰性线条。唐卡线条讲究用笔，这与敦煌壁画中的北魏至隋代时期的精细线条的表现相同，设色方法与敦煌绢画的画法一致。由于吐蕃（tǔbō）在唐代中期占领过敦煌，在敦煌石窟壁画中还保存了许多藏传艺术风格的绘画。除了造型不一样外，其线条和色彩的表现都源于汉民族的艺术审美。所以，唐卡艺术仍然应归属于中国汉民族艺术派生出的一大分支，是中华民族艺术中的一朵奇葩。同样，唐卡艺术也是从壁画艺术中走出来的，它一直传承并保持着重彩的画法（图2-30）。

宋代可以说是中国艺术发展史上最为狂热的一个大时代，从皇帝着迷绘画并建立专门宫廷画院就可见一斑。宋代在全面继承唐代绘

图 2-29 唐卡 宋代 何鸿藏

图 2-30 唐卡 西合道 现代

图 2-31 听琴图 宋徽宗 宋代

画重彩艺术外，又诞生了一个新画派——文人水墨画。以苏东坡为首的文人水墨画派，完全放弃了色彩表现，仅用墨色表现绘画，这在当时文人界非常兴盛并发展迅速，影响至今。从艺术的发展史来看，这是一个伟大的创举和超越。

水墨画的兴起并没有使唐代形成的工笔重彩的传统绘画消失，重彩画在宋代的朝野中也很流行，如宋徽宗的《听琴图》（图 2-31）、刘松年的《猿猴献果图》（图 2-32）等和另一位佚名画家的《罗汉图》。这一时期的敦煌壁画和敦煌绢画都没有受到水墨画的影响。到南宋时期，周季常、林庭珪合作的《五百罗汉图》（图 2-33）中，将唐代的重彩画与宋代的文人水墨画结合表现在一个画面里，即人物采用重彩画法，背景山水则采用水墨画法，别有一番风味。

另外，一些资料记载宋代佛教水陆法会形成并盛行，如宗赜《水陆缘起》中说："今之供一佛、斋一僧，尚有无限功德，何况普通供养十方三

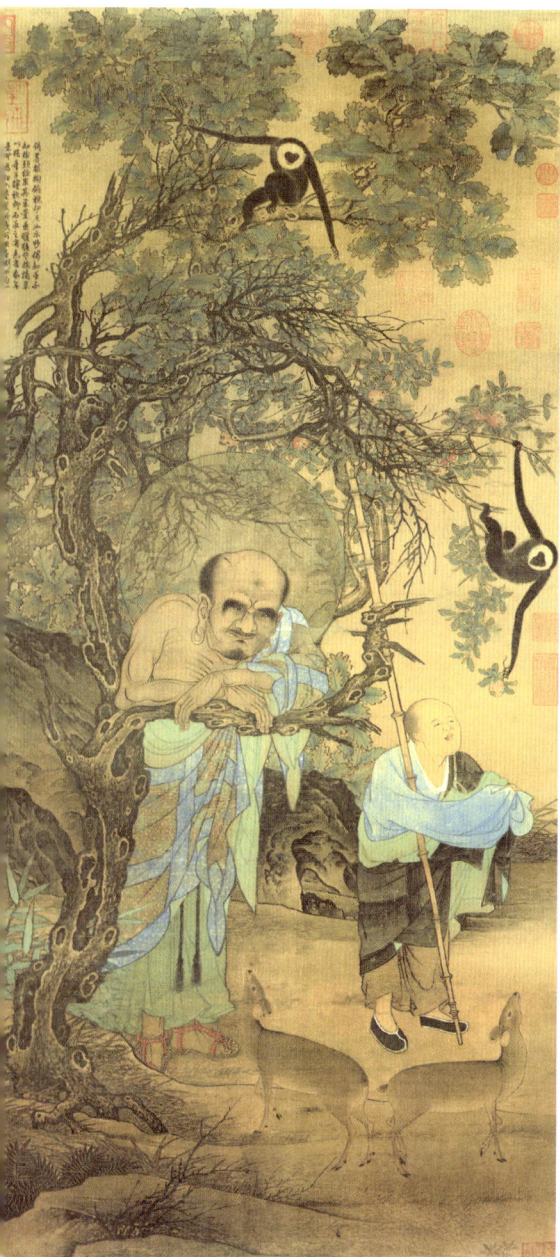

图 2-32　猿猴献果图　刘松年　宋代

图 2-33　五百罗汉图（之一）周季常、林庭珪　宋代

宝、六道万灵，岂止自利一身，亦乃恩沾九族。……所以江淮、两浙、川广、福建水陆佛事，今古盛行。或保庆平安而不设水陆，则人以为不善。追资尊长而不设水陆，则人以为不孝。济拔卑幼而不设水陆，则人以为不慈。由是富者独力营办，贫者共财修设。"这是后世所谓"独姓水陆"与"众姓水陆"的渊源。

自宋代以后，个人设立水陆法会的记载也有很多，水陆法会需要大量的水陆画来布置会场。这是与唐代绢画同一性质的艺术，内容更加广泛，涉及佛、道、儒三教内容。如宋元祐八年（1093），从苏轼为亡妻王氏设水陆道场的记载（《东坡后集》卷十九《水陆法像赞并引》）中看出，当时水陆画的内容有：一切佛陀耶、一切达摩耶、一切僧迦耶、一切大菩萨、一切大辟支迦、一切大阿罗汉、一切五通神仙、一切护法龙神、一切官僚吏从、一切天、一切阿修罗、一切人、一切地狱、一切恶鬼、一切畜生、一切六道外者等众。一切鬼神人畜、地狱天堂无不包罗在内，敦煌绢画的表现形式已经自然而然地传承在水陆画中了。

进入元代，两大艺术流派时有相互兼容。此时虽没有了宫廷画院，但水墨画在士大夫阶层占了优势。两大派绘画艺术之间逐渐产生了大的分野，使得重彩绘画在上层阶级成为弱势，但其艺术生命力强大，仍然在中国民间传承和发展着，特别是佛教画、石窟和寺观壁画艺术中，始终坚定地保持着重彩这一传统画风。尤其是山西永乐宫的道教壁画（图2-34），不仅继承了唐代壁画的重彩人物画风，在线、造型以及色彩的表现上都有新的发展和突破，成为中国绘画艺术史上的又一高峰。永乐宫壁画的出现，展示了传统重彩画风在民间有着强大生命力，也体现了汉民族形

图 2-34 永乐宫壁画 元代

成的根深蒂固的艺术精神仍深深地扎根在这片土地上。

到了明代，朝廷似乎开始重视保存在民间的重彩艺术。其中最著名的是绘制在皇家寺院法海寺的壁画。法海寺位于北京石景山区，明正统四年（1439）开始建造，是明王朝迁都北京后建造的三个皇家寺院之一，不仅地势优越，建筑精湛，还有代表了明代最高水准的壁画艺术。

明代水陆画艺术也不断发展。由于佛教水陆法会受到朝廷的重视和提倡，用于水陆法会的绘画因此得到传承和发展。用于佛教法会的绘画艺术，自从唐代之后一直都有，宋元时期非常兴盛，代代相传，从没间断过，但没有实物，只有记载。有幸的是，明代宝宁寺保存了一堂完整的水陆画，为我们提供了一条自敦煌绢画之后代代嫡传下来的脉络。

宝宁寺水陆画一堂共139幅，绢本，尺寸均为120cm×60cm，创作年代为明朝天顺四年（1460）前后。其艺术的精美，不能不令人联想到明代皇家法海寺壁画的制作风格，法海寺壁画的绘制比宝宁寺水陆画早约20年。这些水陆画和法海寺壁画的造型风格极其相似，特别是人物的脸型五官、冠帽衣饰及纹样，如出自一人之手（图2-35、图2-36）。宝宁寺水陆画应出自皇家寺院法海寺的这班画师之手。换句话说，宝宁寺水陆画的造型粉本依据完全来自法海寺。

明代没有像今天这么便捷的照相录像的交流方式，更没有如今的美术院校和画院等机构，一般都是师承的艺术创作队伍。而师承的民间艺术创作班子，是不会也不允许把壁画的粉本传到其他团队的，这是古代不成文的"版权法"。这就足以证明宝宁寺

图 2-35　法海寺壁画　明代

图 2-36　宝宁寺水陆画　明代

水陆画同属于法海寺壁画的绘画高手。

　　清代康熙乙酉年（1705）郑祖侨重裱宝宁寺水陆画序及嘉庆二十年（1815）唐凯重裱水陆画序的记载，再次证明这堂水陆画的重要性。郑序云："恒城（即大同）自驻防以来，凡寺宇古刹，处处焕然，而宝宁寺尤为美备。寺中相传有敕赐镇边水陆一堂，妙相庄严，非寻常笔迹所同。但历年已久，而香烛熏绕，金彩每多尘蔽，住持广居立志重新，已非一日。客岁冬募恳将军都统诸大人以暨八旗诸公捐资攒裱，俾向之尘封者，今则光彩倍增，辉煌夺目矣……"唐序云："郡城之宝宁寺，古刹也，有水陆一堂，中绘诸天佛祖……溯其由来，盖敕赐以镇边疆，而为生民造福者也。其笔墨穷形尽相，各极其妙，诚明贤之留遗，非俗师之所能也……"这再次证明，宝宁寺水陆画为皇家所敕赐，应为当时最高的宫廷艺术水准。

宝宁寺水陆画仍然属于敦煌绢画的重彩画法传承下来的体系，这里同样能找到许多与敦煌绢画表现技法相同之处，看到世代相传的痕迹。如（前图 2-34）九天后土圣母诸神中的圣母画法，其脸部的染线法，就是敦煌壁画和绢画中最常见的染法（图 2-37），即勾完脸部造型线后，再以白色平涂覆盖而过，原墨线在白色底下透出非常柔美细腻的线条，且保持唐代的素面效果；然后只在鼻梁和颧骨的高处再用淡线重复勾一下，眼、眉、嘴缝则再用较浓的墨线勾画出"传神"的重线。头发根部也以线的形式画出投影。首饰的画法也与敦煌绢画的画法一模一样，即在填完各种首饰色彩之后，用色线在上面勾勒出厚重的线条，以示首饰的金属感。各类圆形宝珠画法也像敦煌画法一样，用白色点画出高光。

宝宁寺水陆画中始终保持了唐代敦煌绢画中的"写"的方法，而很少用晕染法，即不管是块面或是线条都保持在用笔"写"的状态和情感之中，所以层次非常分明，这就是中国传统绘画中最古朴的层次表现。宝宁寺的水陆画中仍然能这么纯洁地保存着古代的画法，令今人赞叹！明代以后也许是受西洋艺术影响之故，

图 2-37 宝宁寺水陆画（局部）明代

出现了如西洋画的素描明暗层次很多的晕染法。

我们再看这些头饰上的蓝色用笔，非常清晰有力，也都是用"写"的笔法画出来的。在宝宁寺水陆画中西岳金天顺圣帝与北岳安天元圣帝的画法（图2-38），除了继承敦煌绢画的画法外，还吸收了元代永乐宫壁画重墨线法的表现，在造型和比例上吸取了永乐宫的写实手法。浓色线的勾勒法也是传承于敦煌初期画法。又如《往古孝子顺孙等众》图中的抱小孩的妇女的脸部画法（图2-39），先采用淡墨线勾出五官形体线，在上完白色之后盖住线，再用赭红色线重新勾出形体，以示肉色效果。而且在勾勒红色线时不需要完全按照底下的淡墨线，而是再一次创造性地勾勒出形体造型线，这样就会和底线出现一些错位，画者似乎并不在意它，只以最后勾出线条的情感为准。这种极为随性而自信的再次造型的手法，在敦煌壁画和绢画中比比皆是。

宝宁寺水陆画虽远距敦煌快1000年了，但我们仍然能看见每一根充满激情的线条和每一个色块的表现在这里薪火相传。在《大

图2-38　宝宁寺水陆画　明代

图2-39　宝宁寺水陆画　明代

图2-40　宝宁寺水陆画　明代

威德步掷明王》图中，明王下方的仕女的飘带（图2-40）采用了
敦煌绢画最常见的衣纹染线法，即不管线的走向，只求块面的平
面厚染法，这样与其飘带的背面形成了鲜明的对比，显得飘逸生动。

图 2-41　宝宁寺水陆画　明代

另在《右第九阿氏多尊者、荼畔咤迦尊者》（图2-41）中既采用唐代重彩的画法，又吸取了宋代文人水墨画的表现手法，与宋代刘松年的《猿猴献果图》相似。

宝宁寺全堂水陆画无疑是值得我们今天学习的传统绘画的重要范本之一。庆幸的是，这面保存在民间的中国传统重彩人物画的引领大旗，一直被汉民族一代代的民间优秀旗手接替相传，没有受到外来艺术的感染，使我们今天能感知到祖先的气息和心声。特别是对于已经失去了许多真正传统艺术精神的时代，坚守和继承是多么难能可贵！现在，有一大批艺术家在继承和发扬我们的优秀传统艺术，在虔诚地寻找从远古一路走来的艺术足迹，寻找汉民族对外来艺术的包容与吸收，寻找对自己民族审美表现的自信与坚定。

第 三 章

雕塑与建筑

从杭州中天竺寺佛像说起

　　2000 年，杭州中天竺寺的光泉大和尚来敦煌参加了敦煌学国际学术研讨会。也因中天竺寺重建后在上海定制的佛像没有达到唐代造像的神韵，他想在敦煌找一个会做唐代塑像的人，帮他修改佛像。经几位同事介绍，他在莫高窟九层楼前面找到我。

　　光泉大和尚感叹各地造像不如法的情况，他一心想塑造一尊典型的唐代佛像，让更多的人领略唐代佛教艺术的魅力。这让我十分钦佩，因为我在敦煌待了这么久，遇见了不少来莫高窟参观的出家法师和住持，他们大都只是来参观而已，能够以实际行动弘扬佛教艺术的，甚是少见。

　　我告诉他："我虽不曾做过佛像，但是我研究过每个朝代的佛造像，知道怎么做，帮这个忙是乐意之至。"

在交谈中，我得知光泉大和尚管理杭州佛学院，于是提出建议："既然您这么热爱佛教传统艺术，为什么不把'佛学院'改成'佛教艺术学院'呢？我们国家留存下来的传统艺术，许多都是佛教艺术。"光泉大和尚听了以后十分认可，高兴地邀请我去杭州佛学院讲课，并开始策划筹备开办杭州佛学院艺术院。

千淘万漉虽辛苦，吹尽狂沙始到金。直到 2010 年，经各级领导的关怀和光泉大和尚的努力，国家宗教局批准杭州佛学院艺术院正式招生授课。这是全国第一所正式批准开办佛教艺术课程的佛学院，对于振兴佛教艺术具有里程碑的意义。

言耕者众，执耒者寡。与其总是将"振兴中国传统文化""振兴佛教艺术"挂在嘴边，倒不如像杭州佛学院这样，用上 10 年甚至更长的时间去做一件实实在在的事情。

开课前，他邀我过去开会，感慨万千地说："从我们在莫高窟开始讨论到今天整整 10 年了，现在终于建成啦。"这 10 年来，光泉大和尚的努力和艰辛可想而知。

从 2009 年起，我在受聘到中国美术学院带研究生的同时，协助杭州佛学院开设佛教艺术课程。至 2020 年，杭州佛学院艺术院已经招收了 5 届学生（每 2 年招 1 届），学生以出家僧人为主，课程效果比较理想。

回到给中天竺寺塑佛像上来，也许因为我相信"因果"，所以我从第一次做佛像时，就恭敬虔诚，一丝不苟。答应帮光泉大和尚修中天竺佛像后，我从敦煌出发，去上海的佛像制作工厂。当时佛像的石膏模已经制作完成了，但无唐代神韵。我指导泥塑师傅们在石膏模上修改，每两个月跑一趟制作现场，前后改了4次。

一年的时间很快就过去了，大家期待的唐代神韵还是没有完全表现出来。师傅们实在是已经尽力了，最后我只好自己上工作台。我根据唐代莫高窟第45窟的风格，调整了佛像的半边脸。光泉大和尚和一些出家僧人看过之后很满意，觉得具有唐代的韵味。因为时间紧凑，我另有要事在身，就嘱咐泥塑师傅照着我修改过的半边脸临摹另半边脸。光泉大和尚当场交代，将另外半边脸也调整好后，就不必来审视了，可以直接铸铜。三个月后，铜像做出来了，光泉大和尚验收时发现，工人师傅修改的另外半边脸的比例仍然不对。

他打电话给我："可能还要请你过来调整另外半边脸。"

我说："我明天就要到英国去，一年后才回来。"

光泉大和尚连夜赶到上海，将我接到工厂。原来另外半边脸的外表虽然做得很像，但是体量不够。师傅们没有研究过唐代雕塑，所以心里面没有定数，没有胆量去做。我想起我在中国美术学院的导师马玉如先生说过："什么是胆识？胆量是由'识'来决定的，没有这个认识，就没有相应的胆量。"我又重新修改石膏模后，光泉大和尚终于满意了。

因为这尊中天竺寺佛像的缘起，越来越多的人请我做佛像。

2006年，灵隐寺旁边新建的永福寺大雄宝殿，也需要制作具有唐代风格的一佛二弟子青铜像。佛像为9m高的坐像，弟子像为5m高的站像。永福寺月真大和尚委托我制作时，我很诚恳地告诉他，我没有做过整体的雕塑，只是研究过并且知道怎么做。

月真大和尚说："那你就做吧！"

于是我按部就班地进行设计，画出草稿图，并制作了泥塑小稿。

为了在视觉上不出现偏差，我在南京自己的泥塑工作室搭建了一个与永福寺金刚座高度一样的钢架平台面，按永福寺大殿的采光设置灯光效果。为了区别于灵隐寺佛像老成持重的形象，我把永福寺佛像在形象上做得年轻活泼。为了有现代感，还把三个朝代的佛像艺术风格与塑造手法合在一个头部来塑造：我用北魏的表现手法起稿（图 3-1）。现代人喜欢秀美，于是我按隋代秀美造像的塑造手法来塑造脸部的侧面像，即从侧面看为隋代风格，而脸部正面（图 3-2）则又按唐代丰满壮美的圆满像来塑造，然后加强衣纹刻画，如有风动潮涌的感觉，从而产生强烈的视觉冲击力（图 3-3）。

2009 年，我又承接了杭州中天竺寺圆通殿的 150m² 的壁画绘制。壁画研究和创作是我去敦煌的终极目的。敦煌地处沙漠，气候干燥，这里的壁画可以保存 1000 多年，如果是南方潮湿地区的壁画，3 个月就损坏了。1984 年，我应聘去敦煌时，就曾梦想用敦煌壁画的技法去南方画壁画。为了实现这个梦想，我在敦煌一边临摹和研究敦煌 10 个朝代的壁画艺术，一边进行各种测试和试验。我搜集了各地的雨水和湿度记录，前后考察了栖霞山石窟、龙门石窟、麦积山石窟以及永乐宫，分别取样做了化验检测。

当时，我决定将敦煌第 220 窟唐代的壁画《阿弥陀经变》《药师经变》《维摩诘经变》，用敦煌的技法画在中天竺寺。中天竺壁画尺寸比第 220 窟的原作大四倍，我花了一年多的时间在南京完成了放大的线描稿（图 3-4）。当我信心满满地准备正式绘制时，

图 3-1　杭州永福寺大佛泥塑

图 3-2　杭州永福寺青铜塑像（正面）

看 见 敦 煌

图 3-3　杭州永福寺青铜大佛

图 3-4　杭州中天竺寺壁画线描制作现场

图 3-5　杭州中天竺寺壁画绘制

遇到了一个难题。杭州中天竺寺在梅雨天的湿度可以达到80%以上，玻璃和瓷砖都会"冒水"，而在传统壁画的制作中，壁画墙面需要始终保持干燥。

结合前些年搜集的记录和检测的数据，我经过不断的测试和研究，发明了防潮防霉的古代壁画制作新工艺。运用这项工艺制作的中天竺壁画（图3-5至图3-7），经受住了梅雨天的考验，没有出现剥落和霉变、变色的现象。后来这项新工艺获得了国家发明专利证书。

永福寺雕塑和中天竺壁画得到了很多人的认可。2013年，原中央工艺美术学院院长常沙娜来到杭州，特地参观中天竺壁画和永福寺雕塑。常沙娜是原国立敦煌艺术研究所（现敦煌研究院）所长常书鸿的女儿，从小在敦煌长大，与她父亲长期研究敦煌艺术。

她对我说："初见中天竺壁画就很兴奋，再看到永福寺大佛后，更觉得是一种震撼。"

后来，月真大和尚又委托我为韬光寺做一尊6米高的唐代风格的宝珠观音像，我要求他允许我将韬光寺观音像翻制成传统大漆夹苎的脱胎漆塑像。他同意了以后，我仍然按部就班地进行小样设计、小样泥塑以及大样塑造。月真大和尚十分信任和支持我，他仅看到泥塑照片，就马上打电话给我："按你的感觉做，别人的话可以不听。"

韬光寺是佛教和道教合一的寺庙，所以我在造型时选用了隋代以前的受道教影响的佛造像的比例，即以头身比为1：6.5的少男少女为比例标准。观音脸部塑造也结合了隋唐两代的塑造方法：侧面是隋代秀美像，正面为唐代壮美圆满像。身体姿态采用

图 3-6 临摹莫高窟唐代第 220 窟《阿弥陀经变》杭州中天竺寺

图 3-7　杭州中天竺寺壁画《药师经变》完成图

图 3-8　杭州韬光寺宝珠观音泥塑

图 3-9　杭州韬光寺宝珠观音泥塑仰视图

了隋代以前的孩童站姿，没有采用唐代的 S 形扭动站姿，以呈现佛道融合的特色。身上的飘带和衣裙的飘动弧度很大，颇似唐代"吴带当风"的旋转飘逸之姿。为了结合现代人的审美，我有意让裙摆飘离脚部较高，腰部做得偏细（图 3-8）。

在中国传统造像中，形体往往比较扁平，我采用了古印度技法塑造塑像的前后体量空间，所以这尊观音从正面、侧面和背面看都质感厚实。

另外，为了使每一个朝拜者在跪拜时都能看见观音脸部，观音的眼神也能投向朝拜者（图 3-9），营造朝拜者和塑像之间的精神互动，我在塑造时对眼、下颌、颈、胸等部位做了视角的调整

图 3-10　杭州韬光寺宝珠观音脱胎漆正面图

和夸张处理，比如把右手向外拉开至视中线以外。所以人们即使贴着底座仰望这尊观音，也能见到脸部表情。

　　这尊观音由我翻制、脱胎漆、打磨，所以保持了塑造时的神韵（图 3-10、图 3-11）。别人都说："佛像从塑造到打磨都亲手做，

你这样太辛苦了。"

可我塑像只想用现代的工艺做出古代艺术的神韵，不亲自做很难表达出我心中想要的神韵。我把作品照片送给中央美术学院的袁运生教授，他说："没想到现代人也能做出古代的神韵。"

日本东京艺术大学原校长平山郁夫先生看到我的作品时，惊叹不已，频频追问："这是怎么塑造的？"

英国伦敦大学的韦陀夫妇评价说："中国没有人像你这样做佛像的，你是中国当代造佛像第一人。"

2012 年，我塑造的这尊韬光寺脱胎漆宝珠观音像，获得了"首届中国当代佛教艺术展（佛教造像暨雕塑艺术）"金奖。平心而论，这些成绩得益于我在敦煌的耳濡目染以及多年研究敦煌雕塑和壁画的成果，也算是我的一个意外收获。

图 3-11　杭州韬光寺宝珠观音脱胎漆全身图

敦煌彩塑
造型中的线法

众所周知，中国传统的绘画是以线造型为基础的平面艺术，那么，中国传统雕塑又是以什么为造型基础的呢？

近几十年来，不少专家学者对此做了大量深入的研究，并提出了许多问题，但终因没有揭示中国雕塑的最根本的问题——造型问题，使得中国雕塑至今仍然笼罩在一层朦胧的迷雾之下。我这些年创作佛像塑像时，对此有所体会和感悟。

一、敦煌彩塑的源头活水

在谈敦煌彩塑之前，首先必须回顾一下敦煌壁画的线条艺术。东方的绘画艺术，以其独特的线造型著称于世，而中国绘画的线法尤为突出，一切物体均可用线来表现，即使在绘画中塑造面，也同样自由地用线来表现。而西方传统绘画恰恰相反，认为一切物体均由面组成，即使在绘画中出现的线，也被认为是"缩小了的面"，或是形体的面与面之间的转折产生的线。

面的塑造可以把物体的立体感表现得更加富有层次，使人感受到现实主义的真实和具象。不过，作为艺术，情感是第一位的。线给人带来的是更加充沛的情感的联想和表现。如果随意画上一条线，人们马上可以看到线的运动方向、起止、轻重以及绘画时速度的缓急等，甚至会联想到线的继续运动。而如果随意画上一个几何形体的块面，人的视觉和思维会立即被定格在这块面之内，难以联想到块面之外的空间。

西方传统艺术是靠面的结合来表现情感的，它的情感更多地取决于成画之后。中国绘画的线，则是挥毫落笔时就要求表现情感，因为线本身是独立而自由的，线在绘画中给形体一种暗示作用。东方艺术在表现有强烈体积感的物体时，采取的表现手法仍然是线，即由线的浓、淡、虚、实和疏密重叠来构造块面的立体感，敦煌壁画就是这种艺术的典范。

在敦煌莫高窟早期的北凉、北魏、西魏等时期的人物画中，人物形体上的晕染就是采用线法来表现的。从第 263 窟剥出的北魏时期的画面（图 3-12）中可以看出，在粗大肉红晕染色线旁边还有一道细墨线，才是真正的形体线，这种沿形体线晕染肉红色的画法，在中国绘画史上被称为"凹凸法"。

这种方法虽起源于印度，但敦煌的画法却有所区别。印度绘画是以块面为基础来进行晕染的，近似西洋画中的明暗晕染法，

图 3-12　莫高窟第 263 窟壁画　北魏　俄罗斯圣彼得堡博物馆藏

其晕染块面根据形体的大小以及立体的程度而变化。敦煌莫高窟的晕染却变成了线，使用的是中国书法和绘画的传统笔法，沿着形体的轮廓线而画。即使要表现更多层次的形体，也仅需要用线多画上几遍，只是浓淡不同而已。如莫高窟第 254 窟北壁尸毗王身上的染法，虽然层次很多，但线条仍清晰可辨（图 3-13）。

　　值得重视的是在早期洞窟如第 254、263、288 等窟中出现的白衣佛衣纹晕染（图 3-14）。在东方的绘画中，不论是中国或印度的绘画，衣纹一般都是不晕染出高低明暗的。这些洞窟的白衣佛则打破常规，创作者在勾完衣纹线后，又沿所有的衣纹线晕染出一条条表现形体凹凸的线。这些衣纹线都分两次以上晕染，所以衣纹层次分明，浑厚有力，产生了起伏变化的立体效果。这显然是创作者试图将人体晕染线法应用于衣纹的处理。

图 3-13 莫高窟第 254 窟壁画 北魏　图 3-14 莫高窟第 254 窟壁画 北魏

敦煌彩塑也是根据类似的原理来塑造的，其手法完全与敦煌壁画相同。

在雕塑上以线造型是敦煌彩塑最重要的艺术特点之一。例如莫高窟第 158 窟的涅槃佛塑像（图 3-15），头部从眉角起至下颌，形成一条长弧线，其中省略了颧骨和下颌骨两处的转折面。根据人体解剖学，即使是肥胖的人，颧骨和下颌骨也会有明显的上下左右的转折，而塑者为了表现这条线的流畅，省去了这两处骨骼的转折面，仅取颧骨和下颌骨的两个最高点连成一条弧线。这两个高点正是造型艺术中经常强调的人体骨骼的"要点"。再看这个塑像浑厚的肩膀，完全舍弃了人体肩部突出、起伏复杂的肩三角肌的形体，取了肩上一个高点，接下来第二个点是肘关节，再下来是腕关节上的一个点。以此类推,掌关节一个点,指尖一个点,

图 3-15　莫高窟第 158 窟塑像　唐代

连接这些要点，就产生了线。站在塑像前面，慢慢地移动视线看这些部位，弧线始终是流畅的。

　　中国古代的艺术家们正是在把握了大的比例结构的前提下，抓住了人体骨骼和肌肉的要点，用线的意识去塑造手、脚、五官和全身，大胆地省略了骨骼之间、肌肉之间起伏微妙的变化，组织成一条条优美而富有情感的线条。所以，不论怎样转换观看角度，线条总是流畅的，也就是说，可以看到无数线条。

　　这些彩塑也和中国绘画一样，观之不像真人，但又像真人，介乎"似与不似之间"。这一条条优美流畅的线，蕴藏了敦煌彩塑造型的全部奥秘。

二、形体的"减弱"与"加强"

神韵是艺术的一切，而线塑造了敦煌彩塑的神韵。莫高窟第419窟西壁佛龛内北侧的老迦叶塑像（图3-16），与其说是塑像，不如说是绘画，是一幅用线塑成的"画"。塑者在塑造时异常激动，为了突出线的流畅，竟把眼窝和鼻翼两侧深陷足有3cm。单看塑像的右手时，似乎有点不自然，只有从上至下整体观看，方能领悟个中三昧。

老迦叶正在兴致勃勃地宣讲佛法，他讲到慷慨激昂之处，脖子微伸，肌腱凸起，而那只半握的右手正是情绪激动时自然的姿势。由于塑者的激动，塑像额上、脸颊和手背上的皱纹，仅划出几道凹陷的线，一气呵成，显得既自然又自信。看似粗犷的手法恰到好处地表现了老迦叶饱经风霜、节衣缩食的苦行僧形象。

莫高窟第130窟的弥勒佛大塑像（图3-17），用线浑厚有力，

图3-16 莫高窟第419窟塑像 隋代

图3-17 莫高窟第130窟塑像 唐代

就像中国绘画中用毛笔中锋画成的线。粗放而流畅的衣纹泥条体现了塑者对线的无限崇拜和虔诚。五官线条极为严谨、挺拔而犀利，如钢似剑。不仅可以从上层和中层的明窗里看到五官的优美线条，而且还可以从最底层仰望到五官的弧形线条，犹如一张张拉满将箭射向宇宙空间的弓。由于线的张力，站在这座雄伟的塑像面前，就会被一种至高无上的神威所慑服，蜷缩的心灵似乎要在这里进行深深的忏悔。

这座塑像的左手显得无比温暖柔美。塑者为了表现手的柔软丰腴，减弱了手背上的所有关节骨点的起伏，塑成了从腕关节直达手指指尖的流畅无阻的线，犹如五条瀑布一泻而下，十分雅致动人。如果说这座佛像脸部充满的是至高无上的神圣威严，那么这只手则是流向众生心灵的仁爱慈悲的河。

按西方传统雕塑的创作意识，雕塑时除了塑造物体的长、宽两维空间，更应该注意塑造物体的深度空间，要重视每一个部位的突出和立体。法国一位名叫贡斯当的老师曾对雕塑家罗丹说："你以后做雕塑的时候，千万不要看形的宽广，而是要看形的深度……这样你就会获得塑造的科学。"而敦煌彩塑在塑造时更多地注意物体的长度和宽度两维空间，深度空间则放在次要地位。换而言之，由于敦煌彩塑对"线"的崇拜和应用，深度空间的塑造往往是通过表现物体的长度和宽度的线的变化和方向来实现的。

在敦煌的许多塑像中，本来应该凸起的形体有时反而被减弱，如塑像中人体的胸大肌、肩三角肌、肱二头肌、肱三头肌以及前臂、小腿等部位隆起的肌肉，都因线的塑造而被减弱或舍弃。

关节更是围绕线来塑造的。人体每个关节都有不同的形状，有的呈方形，有的是三角形或椭圆形。可是在敦煌的佛和菩萨的塑像中，几乎所有的关节都是圆形的，因此从四面八方看所有的线条都觉得流畅。

由于注重"线"的塑造，深度空间在整体上有所减弱，敦煌彩塑的人物造型大都偏"扁"。有的整只手被塑造得像浮雕一样扁平，有的甚至在应该凸起的部位反而凹了下去，比如经常用更为流畅的阴线刻出塑像的眉毛，有的甚至直接用毛笔画出线条。

在塑造鼻子时，当鼻翼塑好后，又在鼻翼两旁加刻一道阴线，用来加强鼻翼富有弹性的形体效果。再则，在脸部五官中，眼、眉、嘴、耳的塑造都容易用线来表现，唯独鼻头不易表现出来，在鼻翼两旁加上两道阴刻线，脸部的器官就统一于整体的线法之中了。

用这种线的造型方法塑造的敦煌彩塑，部分形体被做了"减弱"的艺术处理，部分形体又被做了"加强"的艺术夸张，如外眼角、眉毛、手指以及脚趾都做了向外延长的夸张。

在东方与西方的造型艺术中，人的脸部五官都是根据"三停五眼"的比例来塑造的。"三停"即人脸按照下颌至鼻头、鼻头至眉心、眉心至发际分为三等份，"五眼"即人脸的宽度为五只眼睛的长度。按照这个比例，两眼间的距离正好为一只眼睛的长度，鼻头的宽度也为一只眼睛的长度，嘴的宽度为一只半眼睛的长度。以上这些比例在敦煌彩塑中都得到普遍的尊重（图 3-18）。

虽然为了增强线的流畅效果，外眼角和眉毛常常被夸张处理，但是人们的思维仍然会被两眼间的正确比例所影响。眼睛为"传神"之处，使人不由自主就受到线造型的暗示，觉得外眼角和眉毛的扬长是美和自由的表现，被人理解和允许。

敦煌彩塑中塑造人物的手指
和脚趾时也常做夸张处理，这是
因为人的手指、脚趾形体细长，
是最容易体现线的地方，而且
是人物"传神"的"第二表情"。
按照人体解剖学，手指和脚趾都
由三节骨头组成，里面一节最
长，中间次之，末端最短，而且
外两节的长度相加正好等于最里
面一节的长度。可是在敦煌的塑
像中，末端反而最长，中间和里
面一节依次变短，并且强调末端
的形态。指甲埋于肉中，手指特
别修长柔美。这些有意夸张的形
体都是为了给予观者强烈的线造
型的暗示，启迪人们视觉直达线
的艺术世界。

　　古代的艺术家们把握了形体
塑造的要领，所以，虽然做了许
多"减弱"和"加强"，却并无
失实以及手法单调等弊病，恰恰
相反，给人以严密、可信与真实
之感。

图 3-18　莫高窟第 45 窟塑像　唐代

图 3-19　莫高窟第 328 窟塑像　唐代

三、塑画同源

　　敦煌彩塑和敦煌壁画在表现手法上的一致性，有其历史原因：同一个洞窟内的塑像和绘画大多出自同一人之手。

　　在中国古代，画者会塑像，塑者也会绘画，这似乎是理所当然的。唐代大画家吴道子善绘画亦善塑像，同时代的雕塑家杨惠之塑"倡优人留杯亭像"。据载，"像成之日，惠之亦手装染之"，可见当时画与塑不分家。"塑其容，绘其质"也就成了中国雕塑的一个传统。莫高窟第 45、328 等洞窟佛龛内的壁画和塑像，可以肯定都是出自一人之手。造型手法完全相同，绘画上的线也依照人体骨骼"要点"而定，塑像线条的疏密长短、弯曲程度及粗细变化又是依照绘画中的线条而塑（图 3-19）。

　　敦煌的塑像都是赋彩的，这是导致塑者必须自塑自画的一个原因。把绘画的"随类赋彩"直接运用于塑像，彩绘上去的色彩、线条及各种服饰纹样，都必须既服从于塑像的统一，又服从于全窟壁画色彩的整体和谐。倘若不是出自一人之手，恐怕难以协调全窟效果。即使不止一个人完成，至少也是由一个人主导，先定好色块，再由其他人配合完成。特别是在许多塑像中，服饰纹样复杂，色彩多变，人物身体上的着色晕染以及眉毛、眼睑、瞳孔、胡子、嘴唇这些"传神"之处的上色勾画，画者和塑者很难分开制作。

有的塑像一部分是立体的塑像，另一部分是平面的绘画，这是由一个人构思和制作的典型例证。莫高窟第 248、254、257、290 等窟中心柱佛龛四周的菩萨塑像，同一条飘带，前半截是用泥塑的，后半截是用笔画在墙上的（图 3-20）。"塑不足画之，画不足塑之。"在中国古代，人们对绘画一论再论，而对雕塑的论述甚少，这种画塑风格的一致，是否为潜在的原因呢？

图 3-20 莫高窟第 290 窟塑像　北周　　　图 3-21 印度本土艺术风格

敦煌的彩塑与绘画在造型及表现手法上是一致的，只是使用的工具和材料不同。敦煌壁画中的线法基本上都是中国线法，也就是说，运用的是中国特有的文字书法笔法。敦煌彩塑也是运用了同一类线法。我们可以通过对比观察印度与中国本土的线造型来进一步理解。

古印度人民与东方其他国家的人民一样，也喜爱线的艺术。在公元前 2 世纪的印度本土雕刻中（图 3-21），都是工整规范的装饰线。平板的树叶及叶脉，排列整齐的服饰纹样，呈十字形的肚脐皱纹，都说明古印度艺术追求装饰效果，喜爱装饰美，运用的是装饰线。在希腊人入侵印度后的贵霜王朝时期，又形成了希腊与印度本土艺术相结合的犍陀罗艺术。从希腊雕刻（图 3-22）

图 3-22　古希腊艺术风格

图 3-23　犍陀罗造像风格

和犍（jiān）陀罗雕刻（图 3-23）可以看出，犍陀罗雕刻明显地吸收了希腊艺术追求现实形体的面和体积的块面塑造法，又加入了印度的本土线法加以修饰。所以，在犍陀罗雕刻中可以看到不少既不像线又不像块面的衣服纹理。人物肩上的衣纹完全用的是希腊式的体积堆砌方法，密集重叠，只是整理成一道道细装饰线。右边膝盖上又出现了斜坡式的块面塑造法。衣纹高低不一，大小宽度不一，深浅变化较大，线的两头也交错穿插，有的线头分叉，有的线纹是方形的。线的起笔和落笔处不清晰，而且线是设置在一组一组的体块之中的，即一个体积里裹有好几根长短、深浅、粗细不同的线。每一大组线之间凹凸不一，线与线之间差别很大，如果把衣纹切开看横断面，便更清楚了。

这种艺术形式似乎并不适应印度社会的审美要求，到笈多王朝时期，又恢复了印度的本土艺术形式，即用纯装饰线塑造形体。从 5 世纪左右的马图拉立佛像中（见前图 1-2），可以看出印度本土艺术的全部回归。装饰线法更为工整，衣纹几乎成了贴上去的泥条。

印度雕刻中的形体线的定位方法与敦煌塑像的以形体"要点"定线的方法是一样的，但线的表现目的和审美视角是不一样的。一个用于装饰形体，一个用于表现形体。

敦煌早期的雕塑，如第 254 窟这座塑像（图 3-24），受印度笈多王朝时期的艺术影响，线条是装饰性的，包括衣服里面的形体也修饰得很工整，几乎令人感到有点僵直。这种曾被中国人命名为"曹衣出水"的塑造法，应是源于印度装饰线塑造法。这种造型在莫高窟经北凉、北魏、西魏盛行，到北周时期开始变化，特别明显的是衣纹出现了阶梯式的造型（图 3-25）。到隋代，从塑

图 3-24　莫高窟第 254 窟塑像　北魏

图3-23　莫高窟第428窟　佛禅定像　北周

像衣纹的侧面可以看出，隋代艺术家已经追求有更多层次变化的衣纹线条的表现。虽然，隋代塑像也偶尔夹杂着一些较工整的线条，但不属于印度装饰线法，而属于中国工笔线法（图3-26）。

初唐、盛唐时期，这种讲究线条本身的情感，有起止、有变化、有运动方向的线法全部"立"起来了，跃然表现于形体之上（图3-27）。从这些线的断面可以看出，线是呈凸字形的圆形山峰。这些塑像上的线条，简洁统一、错落有致、起止清晰、粗细匀称而又有变化。线成了表现形体的全部方式。这种线法在印度艺术中没有出现过，那么它到底从何而来呢？追溯中国本土的雕塑艺术源流，或许可以找到答案。

中国史前就有以线造型的绚丽多彩的彩陶纹样，继而是夏商周时期的青铜器的线造型纹样。由于夏商周时期有了金文、大篆等文字，因此这些变化无穷、错综复杂的青铜器纹样中，出现最多的几何兽面纹、回形云雷纹，都是由象形文字中的笔画组成的，很像是象形文字的放大和变形（图3-28）。在青铜器的立体纹样中，可以看到文字和绘画线条的立体塑造的同一性。

这一时期还出现了许多以兽头或动物为形体的青铜器皿，最值得注意的是湖南宁乡出土的人面方鼎（图3-29），四边有四个人面浮雕。浮雕的线是以形体的"要点"来确定位置的。鼻梁只取了最高的点塑成一条线，直接连接上边的眉弓线，眼、嘴、人中和颧骨都是按照线的规律来塑造的。可以说这是中国较早的以线造型的浮雕。

到了秦代，这种线造型的手法得到了发展和完善，秦始皇陵兵马俑就是最好的例证，其五官都可以看到线造型的塑造手法（图

图 3-26 莫高窟第 244 窟塑像 隋代

图 3-27　莫高窟第 328 窟塑像　唐代

图 3-28　青铜器纹样　商代

图 3-29　人面方鼎　商代

图 3-30　兵马俑　秦代

图 3-31 长信宫灯 汉代

3-30）。不过，这些人物衣服袖口的衣纹塑造显得粗糙，有点近似现实中的衣纹。

这种现象到了汉代就消失了，如河南出土的长信宫灯的持灯人造型（图 3-31），全身采用统一的线造型手法。这些雕塑上的线运用了中国绘画的线法，也可以说运用了文字的书写线法。汉代开始使用隶书，这改变了书写笔法，使得笔画开始多样化。绘画立即受到影响，线条不再像写篆字笔画时那样工整。从汉墓中出土的许多绘画可以看出，线法出现了如同汉简隶书书法的粗细变化。

前面已述，南朝至隋代的阶梯式衣纹正是由这些中国式"线"的原理演变来的，它把"线"的起止、粗细变化隐藏在阶梯的侧面，而雕塑的体积则由阶梯的叠层递进产生，我们从这些一层层阶梯的侧面中，可以看见中国书法和绘画线法在雕塑上的全部表现，这一"线"表现方法在雕塑上应用的转变和突破，我在后文有专门论述，并认为这一阶梯线法始于东晋的戴逵。

然而，唐代的艺术家正是将前朝"阶梯式"侧面的线条变成阳凸立体线，这又一重大突破和飞跃，正式使中国独特的线表现"立"于形体之上，并使"线"成为可独立表现的语言形式。

可以说，敦煌在初唐、盛唐时期形成的彩塑造型线法应是中国的线法，并直接采用中国书法和绘画的线法来塑造。从莫高窟第 328 窟的阿难塑像（见前图 3-19）与其背后的壁画可以看出，两者是同一种造型线法。如果用毛笔将塑像勾画下来，可以更好地看出两者的一致性。塑像完全是一个中国青年的形象，穿的袈裟上套有中国样式的服装，说明这一时期的雕塑完全中国化了。

中国素有"书画同源"之说，现在可以说是书、画、塑同源了。中国文字是对中国绘画和雕塑的发展起着决定性作用的因素，其独特的造型与独特的书写工具和笔法，造就了区别于东方艺术诸流派的中国艺术风格。

其他佛教石窟艺术，如云冈、龙门、麦积山、炳灵寺等石窟，其转变为中国线法的造型程式，基本上和莫高窟一样，只是速度快慢不一。云冈石窟似乎改变得较少，外来成分保持得较多，只有第3窟后室西侧的三尊雕像有比较明显的中国线法。在北魏迁都洛阳后开凿的龙门石窟里，可以看到大踏步地转为中国线法塑造的形象，如隋末唐初时期的龙门宾阳南洞的雕塑与莫高窟同期的塑造线法是相同的。麦积山石窟似乎要比其他石窟的雕塑改变得更早些。如第133窟北魏10号造像碑中的许多人物已经使用中国线法进行塑造。此外，第60窟北魏时期的胁侍菩萨雕像及其他同期石窟的雕像，也已经出现了中国线法。

中国艺术风格的雕塑聚集在中国线法的旗帜下，汇成了一条巨流，流注于整个中国大地，并影响着全世界。

唐代佛教
塑像的理想美

　　敦煌石窟中，美丽的唐代女性化的菩萨像，怎么会有男性的胡子？北朝的塑像全部是小孩的造型比例，为什么要画上成人的胡子，变成"小大人"？我对此深感困惑。我从塑像整体的比例结构入手，发现了很多问题。

　　公元前6世纪，佛教诞生于古印度，当时的佛教徒信奉"佛不可造像"，但并不是不会造像，因为在远古的印度各种造像已经非常成熟了；而是他们认为佛不仅包含了人，还包含了众生及宇宙的境界，无法用单一的一种形像来代表。所以，孔雀王朝的阿育王石柱雕刻和巽加王朝的桑奇佛塔、巴尔胡特等佛教雕刻中，都未曾出现佛的形象，而是用某种象征物体来表示，如一只小象暗示着"托胎"，一匹空马象征"出家"，一株树和一个空坐垫象征"成道"，法轮象征"佛说法"，伞盖和宝座一般代表佛。

公元 1 世纪中叶的印度贵霜王朝时期，大乘佛教兴起，在当时的犍陀罗地区开始出现雕刻的佛像（见前图 3-23），被认为是最早的佛教造像。当然，也有专家认为最早的佛像并非出现于犍陀罗地区。

由于犍陀罗地区在公元前 300 多年受到马其顿亚历山大东征带来的希腊文化影响，犍陀罗艺术明显带有希腊雕刻艺术的烙印，雕刻的面部、胸部和腹部等起伏复杂的肌肉表现运用希腊艺术中形体块面的塑造手法，而衣纹的处理又采用与印度本土的装饰线条相结合的装饰塑造方法。因此，犍陀罗艺术被誉为东西方文化艺术交流的结晶。我倒认为这是为了迎合印度人的装饰性审美而被印度同化了的一种艺术，因为亚历山大本意是要用希腊文化统治全世界的。所以，这种造像形式并没有在印度延续下来。

同一时期，在印度中部马图拉地区出现了印度本土风格的佛教造像。直到公元 4 世纪以后的笈多王朝时期，犍陀罗艺术风格基本消失，印度本土风格的造像仍兴盛不衰，印度佛像雕刻艺术回归于本土的马图拉艺术风格（见前图 1-2）。这一时期马图拉风格的塑造艺术表现形式达到了顶峰，并传入了处于魏晋南北朝时期的中国。这种风格的造像不仅影响了西域，而且影响了中原地区和南方的佛教造像。

无论是犍陀罗艺术的佛像还是笈多王朝时期的佛像，都是对佛陀形象的一种"再现"的艺术表现形式。随着大乘佛教的演化，佛陀形象的标准模式出现了。《智度论》《涅槃经》《无量义经》

等佛经中记载，佛陀释迦有三十二种大人相（高贵人相）和八十种好。三十二相不全是用于佛的，一般认为菩萨也具备其中一些大人相。八十种好也叫八十种随形好，就是说随三十二相更为细致的各种好相特征。

三十二相在各佛经的记载中虽有些出入，但大同小异。依《智度论》分别为：1. 足安平相；2. 千辐轮相；3. 手指纤长相；4. 手足柔软相；5. 手足缦网相；6. 足跟满足相；7. 足趺高好相；8. 腨如鹿王相；9. 手过膝相；10. 马阴藏相；11. 身纵广相；12. 毛孔生青色相；13. 身毛上靡相；14. 身金色相；15. 常光一丈相；16. 皮肤细滑相；17. 七处平满相；18. 两腋满相；19. 身如狮子相；20. 身端直相；21. 肩圆满相；22. 四十齿相；23. 齿白齐密相；24. 四牙白净相；25. 颊车如狮子相；26. 咽中津液得上味相；27. 广长舌相；28. 梵音深远相；29. 眼色如绀青相；30. 眼睫如牛王相；31. 眉间白毫相；32. 顶成肉髻相。其他的佛经还有加上舌赤、胸前显"卐"字、肘长等特征的。

在犍陀罗佛像艺术中，希腊、罗马帝王式的形象往往作为创造佛陀的依据。马图拉造像和笈多王朝时期的佛陀则是印度人的形象。这些佛像大多是典型男性的形象，眉毛平直上扬，眼球凸起饱满，下唇向前凸出而厚实，脸部、头部骨骼坚实有力，充满了男性阳刚之美。有的还刻意强调男性的性器外形特征，似乎并不符合三十二相中的"马阴藏相"。在公元 4 ～ 5 世纪，印度也曾出现过一些偏女性化的佛陀像，但没有塑造胡子，与希腊女神像非常相似。这种佛像因为外形过于阴柔而没有流传延续。

犍陀罗和笈多王朝时期的两种造像风格的佛像，随着佛教的传播，先后传入西域。苏巴什古城（昭怙厘大寺）遗存的两尊佛像，其中一尊就带有比较浓厚的犍陀罗艺术风格，另一尊则完全是笈多王朝时期装饰线法的风格。麦积山、云冈大佛的雕刻，也是典型的笈多王朝时期的造像手法。

佛陀释尊的形象必须具备三个特点：应是神圣而威严的，因为他是降伏一切邪恶力量的象征；应是仁慈善良的，因为他在救度一切苦难之人；应是超凡脱俗的，因为他已是解脱了一切世俗苦恼的觉者。正如八十种好中所说的"威振一切""一切众生见之而乐""一切恶心之众生，见者和悦""等视众生""一切众生观相不能尽""观不厌足"等种种好相。

犍陀罗和笈多王朝时期的佛像，只体现了佛作为一个人的形象，而没能体现佛的精神世界。所以，中国南北朝时期，莫高窟便出现了一些孩童形象的佛和菩萨像。西魏（东魏）、北周（北齐）和南齐以后，这种孩童式的佛和菩萨像兴起并达到一个高峰。如莫高窟西魏第 432 窟的塑像（图 3-32），这尊菩萨塑像完全是一个天真可爱的儿童形象。北周时期的佛和菩萨像也是如此，如莫高窟第 290 窟的塑像（见前图 3-20）。孩童形象的造像目光天真好奇，无所停留，无邪无念，任凭手自然而然地握着，没有任何物欲感，而且在艺术表现上也让人有"一切众生见之而乐""观不厌足"之感。

这种孩童式的造像在莫高窟经历了整整三个朝代，一直延续到隋代，如莫高窟第 419 窟的隋代塑像。这说明外来佛教艺术在汉民族中有一个演变发展的过程，也反映出了艺术家们创造的艰辛。一些人认为这三个朝代的佛与菩萨像是"头大身小""比例

图 3-32　莫高窟第 432 窟塑像　西魏

不正确"，是古代艺术家因为历史的局限所造成的遗憾。这是极大的误解。这些塑像的眉、眼、嘴以及全身的比例完全是小孩的比例结构，绝非造型的失误所致。中国其他同时期石窟的造像比例也完全一样，更验证了这绝非偶然。于是我在道家的《庄子》这一论著中找到了关于改用小孩造型为佛像的缘由。

在《庄子》里有这样一段记载。南荣趎（chú）是庚桑楚的弟子，不能解脱人生之苦恼，经庚桑楚介绍，远道去求教老子。他对老子说："如果不运用聪明才智，人们会说我愚痴；如果运用聪明才智，就会招致灾祸，危害自身。不仁不义，就会伤物害人；施行仁义，就会违逆天性，背离自然之道，使我愁苦不堪。怎样才能逃脱这种处境呢？"老子给他解释了这种苦恼的病因之后，南荣趎又请教如何保护生命的常道。老子说："保护生命的常道，能够使你保持本性，守真不二吗？……能够无拘无束自由自在吗？能够像小孩那样纯真吗？小孩子终日哭叫而喉咙不哑，这是听任声音自然发出而非常和谐的缘故。小孩子整天握着手而不是要拿什么东西，这是任凭手自然而然地握着，与他的天真的本性相合啊。小孩子整天睁着眼睛在看而不眨眼，却不把目光停留在某一件事物上。像小孩子那样随意行走，没有一定的目标和方向，停下来也没有什么事情要做，和外物接触，委曲随顺，随波逐流，一切听其自然。这就是保全生命的常道。"

这里所讲的道理与佛教思想十分相近。看来，莫高窟彩塑的孩童特征源自道教思想（见前图 3-32）。这种以孩童为造型依据的塑像，到了北周时已被普遍采用，有的佛造像也具孩童特征（见前图 3-20）。

到了唐代，艺术家又发现孩童形象的佛像在艺术表现上仍存在一些不足。超然物外的神态会使人感到一种不成熟的幼稚，这与佛陀觉悟了世俗苦难而得解脱是截然不同的。孩童形象也难以表现佛陀的威严，尽管在脸上画了胡子，仍给人"小大人"的感觉，略微有不庄重之嫌。另外，佛陀的慈悲也很难在孩童形象的身躯上表达出来。怎样才能既有超凡脱俗的神态，又有威严和仁慈的神韵呢？到了唐代，艺术家们彻悟了佛像塑造艺术的天机，创造了一种超越自然的理想美——男女共性的佛造像，标志着中国造像艺术真正进入了非自然的"神"的创造新里程。

唐代佛像又改为以成年人的比例，尤其是以男性的躯干比例为标准，如肩膀的宽度为两个头长，胸部和头部外形及发式也为男式，以显示佛有魁梧和威严的阳刚之美。脸型和脸部五官根据成年女性的特征来塑造，如眼睛、眉、鼻、嘴和表情都是典型的女性特征，以表现阴柔仁慈之美。佛像的眉毛如兰叶般下弯，眼球藏而含情，嘴角和上唇往上翘，下颌丰满，五官和表情都统一于雍容华贵的唐代女性的脸部之中。如莫高窟第 158 窟的涅槃佛塑像（见前图 3-15），是一位典型的唐代仕女形象，让人联想到唐代画家周昉的《簪花仕女图》中的仕女。洛阳龙门石窟的大佛也是一位唐代女性的形象，集中了唐代仕女各种美的神韵和特征。

佛像的手足以儿童、婴儿之手足的特征来塑造，手臂、腕关节、肘关节如圆滚莲藕。在印度雕刻中，佛像手臂也呈正圆形，但它是为了符合装饰线法塑造的需要。虽然印度佛像的形体线条挺直，但前臂、上臂、大腿、小腿及关节结构的粗细变化明显，是现实中人体的肌肉结构。而中国唐代的佛像，手臂肌肉丰腴呈弧形，而且手指、脚趾尖的肉被塑得特别长，比指甲长出一截并高高地向上翘起，这在现代医学上被称为"过伸现象"，只有婴儿和极小的孩童才会有，这在中医里则被认为是气血充盈的表现，所以成年人极少出现。手背、手心、指节的肉高高凸起呈圆弧形，每个指节只塑一道指节纹，这些都是明显的孩童的特征，但它们又是成年人的比例。

有人认为唐代的佛和菩萨造像中的手是以女性的特征来塑造的，其实不然。因为塑像的整体造型是成年人，手臂和腿的长度比例必须按成年人的比例来塑造，这样从外观上来看，往往会误以为是成年女性的手。以孩童的手作为佛像的手的造型依据，与唐代之前的三个朝代曾依据小孩形象塑造佛像有关联。手不仅是人类传神的第二表情，也是接触世俗善恶的桥梁。采用婴幼儿的手造型，象征着纯洁无染、没有物欲的超然，体现了佛陀八十种好中的"手足为有德之相"。

唐代佛像在完全女性化的脸上，又画上了象征男性威严的胡子，这一神来之笔，使得佛的造像上升到了超凡脱俗、非人间所有的"神""非相"境界，正如《金刚经》中所说："见诸相非相，即见如来。"这一笔法圆满地表达并完成了对佛教教义全部精神和对宇宙众生最高的理想美的形象塑造（图 3-33）。这一创举，使中国艺术从此遥遥领先，登上了世界艺术之"神"的创造最高峰，成为世界上一个真正有"神"的国度。

唐代的菩萨造像与佛像的造型手法基本相似，只是在体态上多塑成女性婀娜多姿的样子，同时在下半身造型上夸大臀部宽度为两个头长的女性比例，佛的造型中臀部也同用这种女性比例表现，以示宇宙万物中母性孕育的伟大。当然，佛以头上有肉髻和螺发的造型来区别于菩萨。上面述过，菩萨上半身代表男性，胸脯是男性厚实的胸大肌，所以可以裸露无妨，特别要注意的是所有造像都不塑出乳头（藏传佛教造像除外），暗示着无性。菩萨造型没有塑头顶上的肉髻和螺发，而作普通女性的发髻式样，并佩戴女性的首饰、臂饰及璎珞等饰品。在菩萨的脸上体现更多的是"觉有情"的形象，但需要有更多的慈悲心，更接近俗人之"情"，才能更好地去普度众生。所以，唐代佛教造像可称为"众生相"，也可称为"艺术之相"，因为"相非相"正是艺术最高境界"似与不似之间"的完美表达（见前图 3-18）。

当人们来到这些佛像前时，一种至高无上的威严和神秘萦绕在空间之中，庄严而神秘莫测的目光似乎穿透心灵，个人渺小得像一粒尘埃。尽管佛的脸上带着祥和的微笑，但仍使人感受到一股来自宇宙神秘空间的力量，无法抗拒，更不可亵渎。

唐代佛像的男女共性理想美塑造的成功，使得佛教艺术登峰造极。这种超越宇宙空间、超越男女乃至万物生灵的艺术表现手法，在世界艺术史上绝无仅有，不仅影响了之后的诸多朝代乃至全世界，也令今天的世人叹为观止。

图 3-33　莫高窟第 328 窟塑像　唐代

雕塑与建筑艺术的神形合一

在古代，无论是东方或西方，雕塑和绘画往往与建筑艺术紧密相连，宗教艺术在这方面表现得尤为突出。举世闻名的敦煌石窟艺术也不例外。

这座经历中国 10 个朝代，至今 1600 余年的佛教石窟，其壁画、雕塑与建筑的关系十分密切，似乎从洞窟的开凿之始就是浑然一体的，有的洞窟的形制完全是在艺术家的指导下开凿的。莫高窟佛像的神韵与建筑息息相关，比如门的面积大小、位置高低、光影都会让佛像产生神奇的视觉效果，令人叹服。

一、仿真的建筑空间

南北朝时期，佛教艺术兴盛于敦煌。这一时期，莫高窟的石窟造像和洞窟形制都沿用了印度佛教的表现形式，如北魏第 254 窟，中心塔柱式的构成明显是受到印度佛教洞窟形制的影响，将建筑形式的塔纳入洞窟中，在塔的四面上下开凿佛龛，龛内外塑上佛像并画上彩绘。佛塔四周相通，便于信徒环绕礼拜。这些都承袭了印度佛教的礼拜仪轨。

当然，汉民族的艺术家在传入外来艺术的同时，也不忘融入中国本土的建筑艺术形式。第 254 窟的中心塔柱前面的主窟是中国古代传统人字披顶的房屋屋顶构式，洞窟顶部做出立体的横梁和椽子，创作者似乎特意强调这是汉民族特有的建筑，在中央栋梁的两头和后面相接的横梁处，安置了真实的木质单斗拱结构，托住两根浮雕式的假梁（图 3-34）。根据中国建筑史学家考证，这四个单斗拱是中国现存最早的建筑斗拱的实物。

图 3-34　莫高窟第 254 窟斗拱　北魏

这座精心开凿的"房子"四壁和顶部都绘满了壁画,各式的龛上塑有佛和菩萨像,华丽无比。不仅如此,洞窟四壁的墙上和中心塔柱上方的小佛龛中,还有几个不同的造型小龛。定睛细看,这种小龛也完全是一幢房子的结构,而且采用浮雕的形式来表现,中间有屋檐和瓦顶,两边有双层汉式阙形墙柱,上面也画有汉式单斗拱,房里正中是一尊坐佛塑像和两尊菩萨塑像,给人一种真实立体、空间递归的感觉,可谓一窟一世界,龛有千千佛。研究人员将之称为阙形龛。毫无疑问,这些洞窟为人们呈现了特定历史时期珍贵的建筑模型资料(图 3-35),也揭示了古代艺术家如何利用建筑艺术为壁画和雕塑创造更多的艺术空间。

二、洞窟形制的演变

随着佛教和佛教艺术在中国的发展以及儒、释、道思想的互相影响和融合,佛教艺术的内容和表现形式产生了丰富的变化。

西魏时期,洞窟中开始出现神话故事和道教内容的画面,如莫高窟西魏第 249、285 等窟,窟顶四披有飞驰的天神鬼怪、东王公、西王母等。受道教"天人合一"思想的影响,这一时期的洞窟形制不再是中心塔柱式和房屋的结构了,而是一种全开放式的方形洞窟,四壁上方斜披至顶部,构成一个方形藻井顶,如一个反扣过来的斗,研究人员称之为覆斗形洞窟(图 3-36)。

覆斗形洞窟窟顶用来表示"天空"的结构,四斜披绘满了飞驰在穹宇的神怪、天人及鸟兽,窟顶之下的四壁则是山川河流和佛国世界。在佛教石窟中出现的这种形制符合汉民族的传统审美,汉民族的墓室也有与洞窟建筑构式完全相同的覆斗形结构,墓顶

图 3-35　莫高窟第 254 窟小佛龛　北魏

表示天宫，象征死者拥有天、地和神灵的世界。酒泉丁家
闸出土的东晋墓室形制与莫高窟西魏时期的洞窟形制极为
相似，窟顶也画有东王公、西王母的壁画（图 3-37）。这种
表现天、地、神灵的洞窟建筑式样一直沿用到莫高窟最后
一个朝代。

图 3-36 莫高窟第 249 窟窟顶 西魏

图 3-37　酒泉丁家闸墓室顶　晋代

　　同时期,洞窟佛龛形制也产生了变化。按照汉民族传统中"正堂"的排列方式，在洞窟正面的内壁上开凿窟内最大的佛龛，内有主尊和菩萨弟子等塑像。

　　唐宋时期，出现了一些奇特的洞窟形制，即一半是洞窟，一半是木结构房屋，如莫高窟唐代第 96、130、196 等窟和宋代第 427、431 等窟前室的木结构建筑。最为壮观宏伟的是第 96 窟，全窟仅一尊 34m 高的弥勒大佛，先依山体开凿出大佛的内胎，然后在外层塑泥赋彩，既省去了塑造佛像内部结构的工夫，又让佛像非常稳固牢靠，最后依着山体崖面建造了一座九层楼高的木结构塔楼（图 3-38），巧借山的巍峨之势,妙夺造化之工,格局恢弘庞大。

图 3-38　莫高窟九层楼外观

这不仅是雕塑与建筑相结合的范例，也是中外建筑史上一大奇观。

三、雕塑的"形变"处理

洞窟这种特殊的建筑构式，使得朝拜者和观赏者产生视觉局限，看较深的龛内塑像时，视角仅能达到 80 度左右。如果塑像时使用"圆雕"手法，必然会导致很多形体不能被人看到，影响正常的空间感知，因此古代的艺术家们往往都对塑像进行形变处理。特别是龛内两侧的塑像，运用类似浮雕的手法，根据需要突出里侧看不见或看得少的形体。

莫高窟第 45 窟西龛内唐代塑像，从龛下的角度望过去十分自然，如果爬上龛内再看则令人惊愕。大弟子迦叶的脸，正面看时发现右边脸变形厉害，嘴、鼻子都向里歪（图 3-39）。两边"美如宫娃"的菩萨的脸，其里侧面不尽如人意。这种例子还有很多，如第 196 窟主室佛台上北侧的菩萨塑像，从上面看和下面看的效果悬殊，在龛内从其正面和侧背面观看，发现其脸左右不对称，身体的躯干也扭动得不自然。所以，敦煌石窟里有的塑像是万万不能移到洞窟外来欣赏的。

总体来说，由于洞窟建筑和视角的局限，敦煌莫高窟的大多数塑像都偏"扁"。中国古代其他石窟中也存在这种现象，这都是符合艺术视觉需要的表现手法。

四、透视线的玄机

15 世纪末，意大利的画家达·芬奇在米兰的圣玛利亚感恩教堂创作壁画《最后的晚餐》时，将教堂建筑的天顶、门窗的透视线与画面的透视线吻合在一起，并把透视中点定在画面最中心的耶稣头上，使人进入教堂一眼就看见中间的耶稣。这种将建筑与绘画直接巧妙地连为一体的表现手法，被西方的艺术评论家认为一绝并津津乐道。

然而，在 8 世纪的中国唐代，艺术家们已经对这一表现手法熟稔（rěn）于心，比如莫高窟第 45 窟的壁画和西龛的塑像排列。起初我认为这个洞窟太矮，显得小家子气，与其精美的雕塑很不相称，后来发现它是以人的视觉角度来建造的。站在入口处向里看，主室旁边壁画中的建筑形成的透视线，向西壁主龛中央方向消失，人们随之就会被此处精美绝伦的塑像所折服。如果主室太

图 3-39　莫高窟第 45 窟塑像　唐代

高，壁画中所有建筑上的线就不能与龛内墙角形成一条流畅的视觉消失线。

这个窟内的佛像也另藏玄机。站着看时，塑像高矮不等，最前面的天王塑像最矮，两侧中间菩萨像最高，所有塑像眼睛视线向下（图3-40）。如果人在龛前中央跪下仰望时，会惊奇地发现，整个视角产生了一个非常奇特的效果，两侧高低不等的塑像头顶也形成了两条向中间消失的透视线，而透视线的消失点正好在中央佛的"心"处，"心即是佛"！这是佛教精神的全部指向！顶部的龛角线也随其气势而消失于中间（图3-41）。这时你就会发现龛上所有的塑像的眼睛都在注视你，形成反射式的透视线消失点，这个点就是你的"心"，"直指人心"。佛心与人心相互交映，让人自觉慑服于心灵的颤动。

接着，受惊的目光必然会重新飞掠，寻找一种短暂的依靠，但首先映入眼帘的是两个站在最前面挥舞着拳头的怒目天王，似乎在怒吼："邪恶必得惩报！"再次受到震动的心灵会迅速投靠到中央佛的身上，只见佛端坐其上，威严而神圣。你很快会在佛举起的右手的"施无畏印"中得到心灵的镇定和稍息，在佛的左手的"降魔印"中得到去恶从善的决心和忏悔后的慰藉。两边的弟子和菩萨都在善意地微笑，对于你的勇气和决心表示赞许和勉励。这时，你再看两边的怒目天王，他们似乎给予了你正气。

创作者通过多元的视角布置透视效果，符合中国画中的移位透视的传统审美，布局更能紧扣和征服心灵。类似这样布局的洞窟在唐代还有很多，如第57、66、113、322、329、384等窟（图3-42）。另外，在中间跪拜着仰望龛内顶部的壁画时，会发现这幅壁画中

图 3-40 莫高窟第 45 窟塑像 唐代

图 3-41 莫高窟第 45 窟塑像仰视图 唐代 孙志军摄影

图 3-42　莫高窟第 66 窟塑像　唐代

间的正方形图案内坐着两个佛像，这个图案只有从这个角度仰望才是最方正的，这更说明一切视角都是创作者的精心设计。

古代的艺术家将全部的心灵注入在每一个空间里，在虔诚恭敬的跪拜中塑造了这些精美无比的雕塑。

五、门窗的"开光"

石窟造像的采光非常重要。莫高窟采用坐西向东的洞窟形制，艺术家们精心设计了洞窟门窗的大小和位置。

古代工匠善于利用自然光达到所需要的艺术效果，不同洞窟根据形制和需要添加了明窗。如第 254 窟的门上方开了明窗，让光线直接投射在中心塔柱上的主尊身上。第 158 窟则是完全利用通过门的光线营造出了全部的神秘，卧佛在敞开大门时的自然光线下最具观赏性，无论室内怎样添加灯光也不可比拟（见前图3-15）。

莫高窟艺术中将自然光线处理得绝佳的要数第130窟。第130窟称"南大佛"，是莫高窟第二大弥勒像，高26m，坐姿，依山崖开凿出内胎，外敷泥塑而成。与第96窟的大佛不同的是，这尊大佛全部处于洞内。当人们走进洞窟时，就沉浸于弥勒佛的世界。首先，闯入观者视角的是弥勒佛的丰腴圆润的脚指头；随着观者向上仰望，一片幽暗的空中突然显现巨大的佛身，从胸部一直到头顶逐渐变得明亮清晰。古代的艺术家从这绝壁上约七层楼高的位置，开了两扇门，在约八层楼高的位置又开了一个窗户。通过门洞大量的光照亮了弥勒大佛的胸部，又通过更上层的小窗从上而下射入一束亮光，犹如现代舞台剧中的聚光灯投射的一道追光，使得弥勒佛头部的轮廓更加清晰。

由于这个洞窟朝东，太阳初升时分，晨曦映照，流光溢彩的朝霞出现在天边，佛像会因为泛红的霞光变得金光灿灿，耀眼夺目，犹如自身放射光芒。这个现象持续的时间很短，很快就变成由暗至明的渐变效果。中午过后，又产生从明至暗的渐变效果。如果碰到雨后天晴的日子，对面的三危山在日落时会泛起赭红、猩红色的金光，映照在大佛的脸部，使其泛起一层美妙神秘的紫红微光。

洞窟的底层也开了一个大门，底部为朝拜的地方，观者向上仰视不仅可以清楚看见弥勒佛脸部五官的形体，也可以清楚看见下巴及脖颈朝下的形体面。洞底占地面积不足10m²，范围

图 3-43　莫高窟第 130 窟大佛塑像　唐代

虽小但并无透视差。创作者在开中间明窗确定高度时，精心考虑了自下仰视的效果（图 3-43）。

近 30m 高的洞窟里，仅开了两扇门和一个明窗，洞窟下半部分光线幽暗，让人感到如身处宇宙般宽阔的无限空间。中间长距离的洞窟崖面遮挡住了光，使大佛中段产生了一大块阴影，与洞窟四周的黑暗形成整体，相互呼应，弥勒佛仿佛端坐在无限宽广高远的虚空之中。由于三个门窗的光源交叠，处在暗处的佛像形体介于清晰与隐约之间，仍能与头脚上下连成一体。在仰望的视觉中，中间段的幽暗和模糊会使人觉得佛像无限高大。就像中国山水画为了表现山高，在山腰处画上虚无缥缈的云雾。难怪参观者都对第 130 窟大佛的神秘啧啧称奇。

古代伟大的艺术工匠们不仅将他们的巧思塑造在雕塑和建筑中，而且塑造在空气和光影里。历史永久地过去了，但古代艺术家们的神奇创造仍让今天的我们如痴如醉。

第四章

第 290 窟

敦煌最精美的
佛传故事连环画

北周时期的艺术几乎是充满着线条语言的艺术世界，完全采用汉字篆体书写的笔法线法造型，色彩的表现退居其次。莫高窟第 290 窟是北周时期的代表洞窟之一，其中的佛传故事画不仅是敦煌石窟将外来艺术中国化的转型时期的代表作，也是敦煌艺术史上的一朵奇葩。

一、第 290 窟的石窟形制

第 290 窟建于北周时期，开凿于莫高窟石窟群南区中段的北侧崖面上，窟形沿用了早期石窟的中心塔柱式形制，坐西向东。洞窟前面崩塌严重，无法考证原来是否有前室和甬道，后部中央凿成方形塔柱。塔柱由窟底通连窟顶,四面各开一圆券形浅龛,东、南、北三向面龛内各塑一尊倚坐佛像、两尊弟子像,龛外两侧塑两尊菩萨像,西向面龛内塑交脚菩萨像,两侧及龛外塑四尊菩萨像。四面龛的上方均贴有模制影塑千佛,现已脱落无存,龛楣、龛柱和龛内佛光均为彩绘浮塑。中心塔柱基座四面的壁画均分为上下两层,上层画供养人,下层画力士。

前部人字披采用汉式建筑的式样,披顶满绘佛传故事。后部平顶绕中心塔柱绘斗方形平棋图案。四壁壁画分上中下三段,上段画伎乐飞天,中段画千佛十一排,下段与塔柱基座相同,上层画供养人,下层画奏乐、舞蹈力士(图4-1)。

这个洞窟以佛教故事为主体,被分成三大部分,布局体现了创作者的良苦用心。第一部分为释迦牟尼诞生及出家前的故事,集中表现在人字披顶上。第二部分为释迦牟尼成道后的说法传道时期,集中表现于中心塔柱的东、南、北向面龛的塑像和壁画。第三部分为释迦牟尼涅槃之后的未来世界,集中表现在中心塔柱西向面龛的弥勒菩萨及全窟四壁的千佛。

二、国内外的佛传故事连环画

佛传是指佛陀释迦牟尼一生的故事,始终贯穿着佛教思想,故事生动感人,内容神秘深邃,既充满了亲切、人道的教义美,又充盈着诗一般的艺术美。这些故事不论是否真实,其引人入胜的情节以及华丽的文风,都足以使人们感受到佛传艺术的不朽和伟大。

关于佛陀的一生,佛经有极为详尽的描述和多种记载,但作

图 4-1 莫高窟第 290 窟塑像 北周

为佛教艺术来表现时，不管是雕刻或是绘画，都只能根据需要，选择主要片断，确定篇幅。如印度桑奇佛塔、巴尔胡特浮雕以及出土的犍陀罗等佛传雕刻中，画面都不多，有的仅是几个简单的情节，有的内容虽多，但以表现佛成道后的事迹为主。在中国，表现佛传故事的艺术品有很多，也是以表现故事的重要情节为主。

　　新疆克孜尔石窟第 110 窟的佛传故事壁画（图 4-2）表现故事情节较多，原画有 57 ~ 60 幅，表现了释迦牟尼从诞生到涅槃的主要事迹。可惜大部分壁画被盗或损坏，现存可辨的画幅中表现

图 4-2 新疆克孜尔石窟第 110 窟佛传故事壁画 约公元 3—4 世纪

出家前故事的约有 13 幅。大同云冈石窟第 6、7、8、12、48、53
等窟均有佛传雕刻，第 6 窟的篇幅最多。该窟把降魔和说法等内
容放在主要位置，以表现佛成道后的内容为主（图 4-3）。相较而言，
麦积山第 133 窟 10 号造像碑、响堂山第 2 窟、洛阳龙门石窟的古
阳洞和莲花洞以及南京栖霞山舍利塔周围的雕刻，故事内容和篇

图 4-3　云冈石窟第 6 窟塑像　北魏

图 4-4　莫高窟第 290 窟窟顶人字披壁画　北周

幅都没有那么丰富。

在莫高窟石窟中，北周及北周之前的洞窟就已经有很多表现佛传故事的壁画。第 290 窟通过壁画的 87 个画面以及中心塔柱的"释迦牟尼说法"和"弥勒下生"等 4 尊塑像，总共 91 个情节画面表现了佛陀的一生，篇幅之大，世间独有。第 290 窟的佛传故事，表现了从"托梦入胎"到出家成道"初转法轮""说法传教"以及涅槃后"弥勒下生"等主要事迹，虽然略去了不少情节，特别是成道后的故事，但可以说这已是一部完整的佛传故事经典了（图 4-4）。

三、佛陀出世

释迦牟尼生于古印度的迦毗罗卫国（今尼泊尔境内）国王释迦族的净饭王之家，生卒时间大约为公元前 565 年至公元前 486 年。

根据佛经记载，佛陀释迦牟尼在降生前的千万次转世中，已经做了无量善事，积下了无量善德。他在降生前已是菩萨，在兜

率天宫修行，受诸供养者供养。在准备最后一次降生前，他为天神鬼众宣讲佛法，并指定弥勒菩萨为接班人。天上诸神为他选定的降生地是迦毗罗卫国国王净饭王家。净饭王勇敢聪明，王后摩耶夫人艳丽无双，被称为"妇女中的珍珠"。

一日中午，摩耶夫人午休时，梦见一菩萨骑乘白象从空中飞驰到她的上方，忽然消失了。她从梦中惊醒，惶惶不安。净饭王请来相师解梦，相师说"此乃吉祥之梦，是圣神降临投胎，所生儿子如在家必为帝王，如出家学道必将成佛，普度众生"。国王大喜。

摩耶夫人有感而孕，十月怀胎。四月八日，摩耶夫人一行出游，来到城外的蓝毗尼园。她感到要临产了，便右手攀着一根无忧树枝，树下涌出七宝七茎莲花，大如车轮，太子从摩耶夫人右胁下生出，降生于莲花上。降生后，太子从莲花上跃下，周行七步，步步生莲，以右手指天，左手指地，口中吟诵"天上天下，唯我独尊，三界皆苦，吾当安之"。天地震动，各路天神纷纷迎候护卫。龙王迦罗、郁迦罗两兄弟从天空喷洒下两道温凉适宜的净水为新生太子沐浴洗礼。

此时，自然界也出现了三十二祥瑞，街道巷弄不扫而净，陆地上生出莲花，枯萎橘树生出新叶，脏臭的地方也变得芳香四溢，地底宝藏自然显现，天空普降香雨……

净饭王听说太子降生，非常高兴，立即带领百官群臣出城迎接，半路遇见远远过来的太子时，只见四周及天空布满诸天神龙，误以为是神圣驾到，下马跪拜。他亲自抱着太子回城，并取名为"悉达"（Siddhārtha，也译成"悉达多"或"悉多"）。

不幸的是，太子出生七天后，母亲摩耶夫人突然病逝。太子由姨母摩诃波阇（shé）提抚养成长。

四、太子出游

悉达太子渐渐长大。净饭王为太子修筑了四座宫殿，适合春夏秋冬不同季节居住。殿前种植各类甘美果树、奇花异草，林间辟七宝池，有水鸟鸣禽数百种，殿内有五百名伎姬奏乐舞蹈，整天陪伴太子游玩娱乐。

过了一段时间，国王问侍女："太子快乐吗？"

侍女禀告国王："侍从和伎乐都非常用心侍候太子，但太子并没有觉得快乐。"

净饭王忧愁不安，召集群臣商议："相师曾预言，太子必成佛道，有什么办法让太子不去学道呢？"

一位大臣奏道："让太子读书，以拴住他的心。"于是国王请来老师给太子上课，但是太子是"生而知之"的圣者，常常问得老师自愧弗如，只能主动离去。

太子仍然昼夜忧郁，常常想着出家离去。

国王知道后，又召集群臣商量，一位大臣奏道："太子年龄大了，应当娶妻结婚，从而转变他的想法。"当时太子17岁，净饭王下令为太子选择一位最完美的女子为妻，要求"仪态端庄娴静，服饰淡雅贴体，好行善事，尊重左右下人侍从，知书达理"。

最后认为邻邦小国的善觉王之女裴夷最为合适，于是净饭王召见善觉王，说明要选其女儿为儿媳之意。善觉王回国之后，心神不安，不思饮食，女儿裴夷问他是怎么回事。

善觉王说："以前八个国王的太子曾来求娶你，我都没有答应，现在净饭王召我说要选你为太子妃，若不答应，他恐怕会出兵攻打我国，如若答应，又得罪了其他八个国家，不知如何是好。"

裴夷说："父王不必担忧，可让各国太子七日后前来比试招亲，胜者为婿。"善觉王转忧为喜，马上布告各国。

比试当天，裴夷带了五百名侍女在城楼上观看。悉达太子带着弟弟难陀、调达等五百名随从前来比试。比试分为两个项目：相扑和射箭。相扑场上，难陀打败了各国对手，但难陀自知力量和技艺不及悉达，所以认输，悉达太子不战而胜。比赛射箭时，前后悬置七面铁鼓为靶。其他人都不及一鼓，难陀射两箭穿三鼓。悉达太子上场后挽弓皆断，善觉王命人从天庙取来祖传巨弓。太子揽弓放箭，第一箭射穿七鼓，第二箭穿七鼓后入地，第三箭穿七鼓后射入靶后的铁围山上。众人惊叹不已。

悉达太子的随从对善觉王说："今悉达太子大获全胜，您的女儿裴夷在何处呢？"

善觉王说："她与五百名侍女在城楼上观看比武。"悉达太子当即取下身上一串珠璎，掷上城楼，正落在裴夷的脖颈上。

善觉王为两人举办了隆重的婚礼，选了两万名宫女陪嫁，将女儿送到迦毗罗卫国的太子宫里，昼夜娱乐。

一段时间后，悉达太子并没有因此而快乐，身体越来越瘦弱，他仍然想出家济度众生。

一名大臣建议国王让太子再娶两名侧妃，让他安心玩乐于俗世间，于是净饭王又为悉达太子选了两名侧妃，其中一位名叫"众称咮"，另一位名叫"常乐意"，每一名侧妃各配两万名宫女。悉达太子有了三位妃子，共六万名宫女，个个都"端正妙好，天女无异"，人人皆能歌善舞，仪态万千。太子每日安卧榻上，众美女弹奏乐器、表演歌舞来取悦他。

净饭王把继承王位的希望都寄托于悉达太子，因此用尽一切办法防备太子出家，命所有宫女奏乐，昼夜不停，争妍竞媚，显现一切娱乐之事，务必使太子沉迷俗世，舍弃出家念头。但太子已经洞悉世间一切事物的空虚无常，他仍旧内心忧郁，出家的欲望越来越强烈。

裴夷向净饭王禀告了太子的情况，国王深感不妙，群臣献策道："让太子出游，观察社会，了解国家的繁荣昌盛，人民的安居乐业，可以打消他出家的念头。"

于是国王命太子出游，并通知全国整理大街巷道，洒扫烧香，清洁干净。

太子随着侍从出游，在城东门看见一个老人站在路旁，发白缺齿，满面皱纹，骨瘦如柴，涕泪相流，气喘吁吁，全身颤抖，恶臭难闻。

太子问道："这是什么人？"

仆人回答："是老人。"

太子又问："何为'老'？"

仆人答道："人活到六七十岁后，形变色衰，气微力竭，食不消化，耳聋眼花，手脚僵硬，言语悲伤，记忆丧失，转身即忘。出现这种情况，即活不了很久了，这就是'老'了。"

当太子知道人老了之后这么痛苦，闷闷不乐，即命随从急速回宫。

过了一段时间，太子又想出游，这次国王再次下令清理街道两旁，务必整洁干净。

太子与随从出了城南门，看见一个病人，躺卧在道路旁，身瘦腹大，全身蜡黄，咳嗽呕吐，关节处生毒疮流脓，大小便失禁，呻吟气弱，手足乱摸，呼爹叫娘，悲声哀切。

太子见状，问道："这是何人？"

仆人答道："这是病人。"

太子又问："何为'病'？"

仆人答道："人的身体有皮肉筋骨和五脏六腑，一旦其中一处有病，则辗转相审，五脏六腑皆受影响。此时会冷热无常，极饥又极饱，极渴又不思饮食，烦躁又无法睡眠，身体的各项功能失控，这就叫'病'。"

太子知道人会生病并如此痛苦后，心生苦恼，同时感叹自己身处富贵，吃山珍海味，放纵淫欲，不能自控，这也是病。回宫后，他非常悲伤，又生出厌世的念头。

又一日，太子从城西门出游，看见一群家属扶丧车送葬出城，啼哭嚎天。太子得知这是死人，知道人死之后肉体、精神都会失去，尸骨腐烂，无论帝王还是百姓，贫富贵贱无一人能免此灾患。太子长叹，非常忧伤。

又一日，太子从城北门出游，遇见一僧人，身穿袈裟，手持钵盂，行走安详，目不侧视。

太子问道："此为何人？"

仆人回答："是沙门。"

太子又问："何为'沙门'？"

仆人答道："沙门是修道的人，舍家妻儿女，舍弃爱欲，断绝七情六欲，无念无为，无忧无虑，生死自在。"

太子闻言大喜道："善哉！这是唯一快乐的事！"随即回宫，他出家的决心更加坚定了，日夜忧郁，不思饮食。

国王非常担心太子出家修道，又命太子去观看农民种地，了解劳作之苦。太子和仆人来到田间，坐在树下监看农民耕种，看到牛耕地翻土时，许多小虫乱爬，牛踩死小虫，鸟飞来啄食小虫，蛤蟆追食蚯蚓，蛇又一口吞下蛤蟆，孔雀飞来吞食了蛇，一只飞鹰冲下啄死孔雀，雕鹫又飞来与鹰争食，相互搏击争斗，太子看到各种动物弱肉强食的场景，慈悲心顿生，忧伤不已。

五、离家出走

太子回宫后，一心想出家，觉得应当到山野中精心研究禅道。

悉达太子 29 岁这一年的四月七日，半夜，太子悄悄起床离开，回首看躺卧的妻子、宫女，都犹如一具具腐烂的尸体，宫殿也如一座座坟墓，他觉得眼前一切皆如梦幻泡影，皆悉归空。

太子急令车夫备马，车夫闻知太子要出走，劝阻无果，只好备马行鞍。太子上马，悄悄地出了城门，到天亮时走了 480 里路，出了国境，到了阿奴摩国，在一片树林前下马。他脱下身上的宝衣、璎珞、宝冠，交给马夫，并交代他牵马回去，禀报并感谢父王及群臣。马夫回国禀报了国王，国王五脏俱裂，悲伤至极，耶夷冲过去抱着马痛哭，臣民们无不潸（shān）然泪下。

太子走进山林，他用身上的金彩衣交换了猎师的破旧衣服，成了一名隐士，从此，世间便没有了悉达太子。此后他被人称为比丘瞿昙（qú tán）或释迦牟尼，即释迦族的圣者之意。

耶夷日夜思念太子，净饭王深知太子已不可能回来，只好派

莫高窟第 57 窟主室南壁——美人菩萨　唐代　敦煌研究院文物数字化研究所制作

了阿若拘邻等五人找到太子，并随身侍候太子。他们后来都成为释迦牟尼的第一批弟子。

释迦牟尼入山后，找到几位老师求道，但导师的教义都没能让他满意。他历时六年之久，修习了各种严苛的苦行，最后每天只吃一粒米，仅喝泉水度日，身体虚弱到极点，形如骷髅般仅剩一层皮，最终发现修习苦行是徒劳，不能达到真正的觉悟。

六、悟道菩提

于是，释迦牟尼决定放弃苦行，毅然下山，五名侍者也相继离去。路上，一位少女给他奉献了牛乳粥，他在尼连禅河中沐浴净爽后开斋食粥，感到精神一振。当天晚上，他向着伽耶城走去，在菩提树下的草垫上坐下，在这里，他的内心做了一次最大的思想斗争。

世俗的观念和荣华富贵就像千军万马的恶魔般再次包围他的心灵，但他最终战胜了心魔，进入禅定。他从上午一直坐到晚上，又坐了一个通宵，"澄思净虑"。当第二天的晨鼓响起时，他恍然大悟，逆观十二种因缘关系，悟得一切苦果皆出于因，他归纳了人生的八种苦恼，即"生、老、病、死、爱别离、怨憎会、求不得、五阴炽盛"，这"八苦"都是人为了更好地生存和享受欲乐，因而对自我和物质产生了种种错误的希求。

因此，扫除各种"因"，即断灭一切"贪念"的欲望，一切痛苦也会随之消失。释迦牟尼终于觉悟了"苦"的真正原因以及解脱方法，成为一位至上的觉者，时年35岁。释迦牟尼从此被称为佛陀，"佛"的意思是"觉悟的人"。

七、弘法传道

释迦牟尼成道后，开始传播他的教义。他来到波罗奈国的鹿野苑找到了离弃他的五个侍者，向他们宣讲了"苦、集、灭、道"的佛教基本教义。"苦、集、灭、道"在佛教中被称为"四圣谛"，佛教认为人对物质和精神世界的错误认识产生了种种"苦"恼，"集"是这些苦恼的原因，如果断"灭"这些原因，便没有了种种苦恼，即觉悟成"道"了。五个侍者先后得悟，成为释迦牟尼的第一批弟子。不久，释迦牟尼又收了60名僧徒入门，正式成立了僧团。

为了传播佛教教义，他将弟子分散各处，教化救度众生。经过很长一段时间后，恒河下游成立了无数僧团，建立了无数寺院。佛陀到各国说法传教、度化众生达45年之久，这期间，他曾回国探望了净饭王一次，重见家人，并收留了阿难、难陀等几位亲属为弟子。其中阿难成为佛陀最忠实、最亲密的同伴。

佛陀80岁高龄时，有一天他预感到自己即将寂灭，于是带着阿难及其他弟子来到拘尸那城外的婆罗林中，在一棵双生树下布置了绳床。佛陀躺在床上，头朝北，右胁而卧，为最后一位赶来的弟子须跋陀罗讲完了佛法，入定后安详地逝去。圆寂后，佛陀的遗体在拘尸那迦城的东门外，以国王之礼火化肉身。

佛教认为，佛陀释迦牟尼创造的佛教思想是永生的，不可重复再生，也永不灭逝，进入不生不灭的永恒。佛教称之为"涅槃"。

佛陀的一生是神秘壮伟的一生，也是坎坷的一生。莫高窟第290窟的创作者根据这些故事，选用了最动人、最曲折和最有戏剧性的出家前的情节。为了便于欣赏和研究，现按其内容在壁画画面的顺序，对故事情节进行编号：

1. 入梦受胎。2. 摩耶说梦。3. 出游观花。4. 树下诞生。5. 步步生莲。6. 九龙灌顶。7. 母子还宫。8. 国王出迎。9. 宝物悉现。10. 经商得利。11. 太子得名。12. 王礼太子。13. 礼拜神庙。14. 还宫、占相。15. 瑞应一，大地震动丘墟皆平。16. 瑞应二、五，巷道自净、陆地生莲。17. 瑞应二，臭处变香。18. 瑞应三，枯树生叶。19. 瑞应四，园生奇果。20. 瑞应六、七，宝藏自现、呈射异光。21. 瑞应八，衣被满架。22. 瑞应九，川流澄清。23. 瑞应十、十一，风停云散、普降香雨。24. 马生白驹。25. 黄羊生羔。26. 瑞应十二，明月神珠。27. 瑞应十三，夜如白昼。28. 瑞应十四，众星不行。29. 瑞应十五，沸星下观。30. 瑞应十六，宝盖覆宫。31. 瑞应十七、十八、十九、二十，神送宝车、佳肴自生、瓮盛甘露、天神奉宝。32. 瑞应二十二，白狮入城。33. 瑞应二十三，媒（cǎi）女自现。34. 瑞应二十四、二十五，龙女绕宫、玉女执拂。35. 瑞应二十六，玉女持香汁金瓶。36. 瑞应二十七，天乐齐奏。37. 瑞应二十八，刑狱废弛。38. 瑞应二十九，毒虫隐伏。39—40. 瑞应三十，渔猎生慈。41. 瑞应三十一，孕者生男。42. 瑞应三十二，树神出现。43. 青莲生狮。44. 阿夷瞻省太子。45. 阿夷观相。46. 阿夷礼太子。47. 修四时殿。48. 王与臣议，命太子学书。49. 太子赴学。50. 太子回宫，思念出家。51. 王与臣议，为太子纳妃。52. 召善觉王求聘，裴夷献计试艺。53. 裴夷观艺。54. 太子赴戏场。55. 象塞城门。56. 掷象、相扑。57. 比试射艺。58. 得胜回宫。59. 掷璎娶妃。60. 王与臣复议聘嫁。61. 聘娶二妃。62. 裴夷回禀。63. 王与臣议，使太子出游。

64. 出东门见老人。65. 回宫不乐。66. 出南门见病人。67. 回宫不乐。68—69. 出西门见死人。70. 回宫不乐。71. 出北门见僧人。72. 回宫不乐。73. 树下观耕。74. 王礼太子。75. 裘夷说梦，天神劝请，决心出家。76—77. 逾城出家。78. 命车匿还。79—80. 车匿还宫、裘夷痛哭、举国悲恸。81. 王命五人追侍太子。82. 五人追寻。83—84. 查无经文，内容待考。85. 五人礼释迦。86. 释迦成道，五人皈依。87. 鹿野苑初转法轮。88—90. 释迦偕弟子说法传教（塑像）。91. 释迦的继承人弥勒下生（塑像）。

线条表现
壁画的立体空间

一、第 290 窟的空间布局

莫高窟第 290 窟具有复杂的内容和曲折动人的故事情节，画面严谨、和谐、自然，人们已经感觉不到艺术的存在，只感受到一种神秘和庄严，一种莫名的快慰和静穆，也许是中间佛的微笑或是四周热烈的红色使然。窟顶人字披的故事画，以白色为底，给人以洁白宁静的感觉，同时，窟顶人字披有一种非常艳丽的色彩感，让人觉得犹如耳边响起了高亢美妙的音乐。

整个洞窟的壁画布局是倒叙式的。

进入洞窟，第一眼看到的是正中间成道后的释迦牟尼和弟子迦叶、阿难的塑像（图 4-5）。释迦牟尼收留弟子阿难已属于传教

图 4-5 莫高窟第 290 窟塑像 北周

后期。阿难 25 岁出家时，佛陀已经 55 岁。洞窟中心塔柱东、南、北向面龛皆塑佛与弟子迦叶、阿难像，且每一龛外都是菩萨塑像。这显然告诉人们，佛陀的辉煌是晚年的事。

继而抬头看到正面佛像上方平顶的壁画——鹿野苑说法图。这虽然是释迦牟尼一生中最值得赞颂的里程碑，但与高大的塑像相比，这似乎已经成为过去。再看人字披上的佛陀出家前的故事，人物形象更小、更多、更密集，使我们感到一切都已经很久远了。

中心塔柱中高大的塑像给人以真实的存在感，这是利用立体的塑像与平面的绘画区分时间、空间的表现手法。另外，形体由大到小，形成近、中、远三个阶段，人的视觉能循序渐进地观赏。

中心塔柱西向面龛的弥勒塑像，非常符合佛教教义。正如前面提到的，中心塔柱东、南、北向面三组佛说法形象，是表现释迦牟尼最辉煌也是最后一个时期的形象。从三组说法塑像中，我们断定南向面龛表现的是佛涅槃前的形象，因为这里的弟子阿难背上了经书。阿难是释迦牟尼众弟子中有名的"多闻第一""所忆不忘"的人，此时也难以记住太多的佛理，只好用笔来记录。创作者很巧妙地以此暗示这是佛的最晚期的形象。

西向面龛的弥勒像（图 4-6）寓示着佛已经涅槃了，弥勒将下生接替佛陀释迦，这样不会令人产生失望感。弥勒下生，按佛经所说是遥远的，但创作者把弥勒当作已下生于世来表现。更有趣的是，继弥勒之后，还有千佛、千千佛……为了表示时间的流逝，创作者也分了三个阶段来表现，从弥勒大塑像到中心塔柱四面佛龛上方的影塑千佛，继而转向全窟四壁的壁画千佛，用造型的大、中、小来表现时间的近、中、远。通过这样的处理，人们很自然地看到中间高大的现在佛的形象，过去和未来都逐渐远去（见前图 4-1）。

佛的教义，正是要人注重现时的修行，体悟当下的美好，之

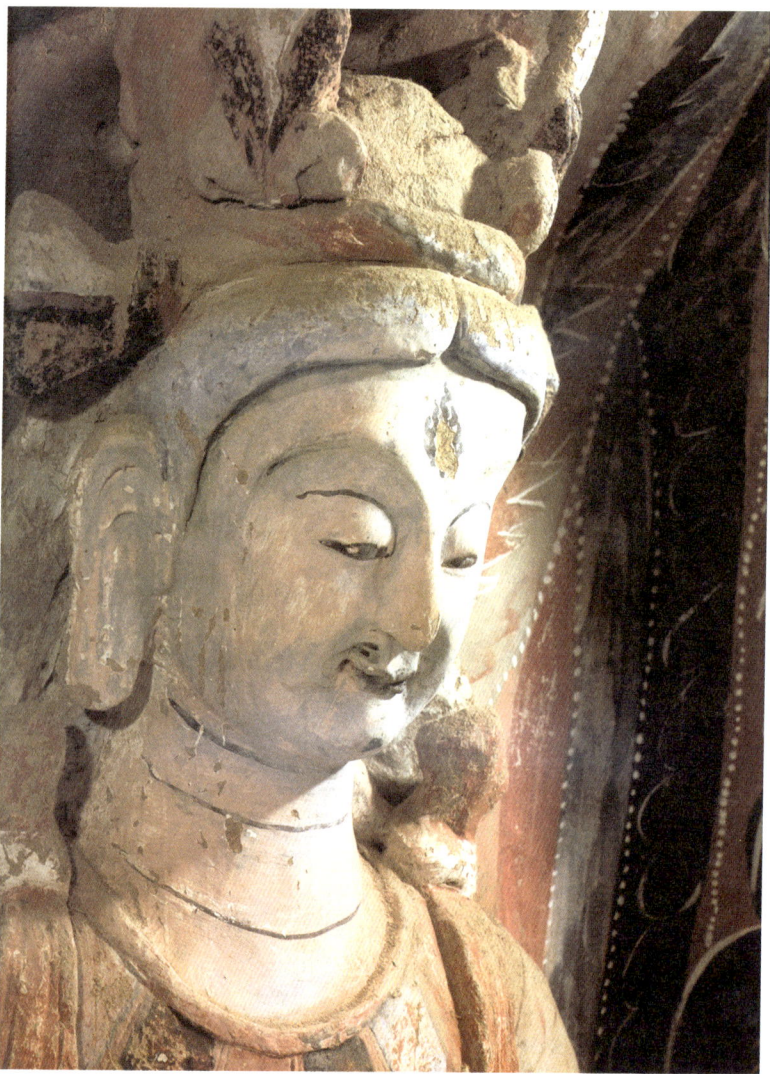

图 4-6　莫高窟第 290 窟塑像　北周

后才能到达未来极乐美好的彼岸。在麦积山第 133 窟北魏 10 号造像碑和大同云冈石窟第 6 窟的佛传雕刻中，也出现了弥勒的佛传故事构图，但它仅作为一个单独的画面，没有和佛传情节产生联系。

第 290 窟的宏大格局，完全是按照人的思维想象空间进行布局的。这种思维空间的倒叙也是人们常用的思维方式。人们往往看到了"果"，才会追究其"因"。我们知道了佛陀的成就，感悟到了他的伟大和崇高，才会有兴趣去倾听和了解其动人的生平。第 290 窟高超的艺术表现手法正在于此。

二、线的交响曲

当人们对中间至高无上的佛陀瞻仰完毕，视觉便渐渐地转向顶部，继而转向人字披的故事画面，这时才注意到佛陀的传说故事。正像电影中的镜头，由远渐渐拉近，画面变得清晰、突出，佛陀成长的故事开始展现。

在注视这些故事画面时，线条逐渐显现，越看越觉得画面里有无穷的线条、无尽的空间。瑰丽的色块串联着线，浮现出一个个生动的人物形象。观看整体时，只能看见抽象的色块，专心细观局部时，才能觉察到形体的存在。这种效果在全窟的整体布局中是十分奇妙而独特的。这是艺术家对人的思维和审美妙契的把握。

为了演奏这场高亢而美妙的"交响曲"，创作者采用白色为画面底色调。白色是色阶中最低的色调，也是能调和其他颜色的调和色之一，容易突显浓重艳丽的色块。创作者非常巧妙地在整个画面中设置了两个大色调：淡色为低色调，浓重艳丽色为高色调。首先把所有线表现分为浓淡两大色调，即全部先用土红线起稿勾一遍，然后整体刷一层白底色，这时起稿的土红线变成了浅淡的土红线，但仍见用笔的情感表现，然后又在白色底上用浓土红线勾一遍形体线：有的复勾，有的另勾，有的留出底下的淡线造型。

这就自然产生了浓淡两个空间层次。而在色块的表现上用的也是这种方法，即在浓重艳丽的色块下面先上一层极淡的黑灰色或黄灰色。这样创作者就很自然地在整个画面中形成了浓淡两大色调。在整体观看画面时，这些低色调会隐退得很深远，给人一种朦胧的感觉，正像乐曲中的低曲调，悠远而深沉（见前图4-4）。

这里画面的中间色调极少，仅在人脸、四肢的肤色和少量的房屋暗处用了一种深浅之间的红灰色。许多艺术家都说第290窟故事画中的人物的色彩很美，这是因为中间色充当了重要而微妙的角色。在反差强烈的高低色调之间，中间色调让视觉产生了一种和谐的过渡作用，所以中间色调虽少却"历历在目"。这让人想起音乐家贝多芬的高亢激越的交响曲，贝多芬就是善于运用最高和最低的两种音符来作曲，而曲中也用少量的中间调使人铭诸五内、难忘于心。

三、色彩的绝唱

画面的"需要"对造型艺术来说十分重要。壁画上的许多物体和人物没有上色，稀稀疏疏的，似有遗漏，是不是画者的"疏忽大意"呢？从整体画面来看，色块的长短方圆，斜插竖放，已经均衡匀称，无可添加。显然，画者是在整体的布局下设的色块。在这些绚丽交错的色块中，还有许多活跃的小黑点，产生一种对比的变化和节奏感。这些小黑点是画者根据画面需要设置的小花朵，填补了许多无法设置色块的空间。

房屋、山石、人物衣饰等形体的"高调"色块已经达到饱和，但画者似乎还不满足，要继续增加色彩的强烈感，把色彩音符唱到绝顶之处。这些浓艳饱和的色块的边缘很整齐，有版画的效果。着色浓重的黑色如一团"死墨"，蓝色的屋顶如刀尖般硬挺，真有"四角碍白日"之感。

我在临摹这一时期的壁画时，曾试图减弱这些色块的强度，使之不那么"扎眼"，结果画面生气全无，只得重新按其原来的强度上色，才恢复生气。原来这种强烈的"最高音"也是在画面整体需要之下"唱"出来的。这不能不使人想起西北的秦腔艺术，将声音唱到极高，原来秦腔正是在呐喊之下形成"唱"的最高旋律，仿佛让我们听见了原始先民们在获猎后的高呼吹唱。我们无法考证这里的绘画和秦腔或贝多芬的交响曲之间有什么联系，但艺术语言往往是相通的，艺术家们在这些高与低的默契之中找到了各自独特的表现语言。

第290窟的几乎"刻板"的色块是不是生硬地填涂出来的呢？我有幸能在比较强的灯光下观看和临摹壁画，才得以窥见一斑。这些色块都不是一次画成的，而是费了很大的功夫，分两遍甚至两遍以上画出来的。一般情况下，第一遍画大体色，第二遍以上的上色用笔极其讲究气势，用大笔触以写意的笔法挥就而成，有的需要反复画，直至凝重为止。在强光下，这些"笔"意的表现清晰可见，蕴藏在这些"刻板"色块中的全部激情肆意迸发，色块既鲜艳又浑厚，既润泽又柔美，没有"火气"和急躁之感，强烈的色块和谐地存在于整体画面之中（图4-7）。

如果参观时因弱光条件不能目睹这些微妙的艺术情感，也不必遗憾，还可以从许多淡色块中看到画者创作时的用笔情感。特别是人物衣服、马身及树叶底层的灰色块，如故事73、故事74

图 4-7　莫高窟第 290 窟壁画　树下诞生　北周

等画中的树叶用笔，都是画了两遍以上皴染而成。笔法"写意"
盎然，与现代中国水墨画用笔无异，我们从中可以体悟到第 290
窟艺术塑造语言的全貌。

四、线的无限空间

　　线在第 290 窟的表现也是卓绝的，土红线是唯一的造型线，
这在北周以前的莫高窟艺术中十分少见。虽然在前朝的许多壁画
中，也会在形体中运用土红线，如第 257、275 等窟，但仅仅是作
为起稿线之用。到了西魏，如第 285 等窟，虽然已经普遍使用土
红线造型，但土红线中仍然兼杂了墨线，不是独立存在的，只能
说是作为造型线中的一个层次来使用。另外，第 285 窟的色彩基
本上"面面俱到"，极少留出线的"空白"，形体下面虽有许多土
红线，但更多是作为起稿之用。

　　第 290 窟则将线上升到独立表现形体的地位，也就是说形体
全部由线的符号来代替，形即是线，线即是形。同时，线的本身

创造了独立的世界，线既是代表形体的符号，又完成了自身的表现和审美价值。笔随人的情感而动，线随笔的挥写而出。这微妙的变化，对后来的莫高窟艺术以及绘画艺术的发展有着重要的作用（图4-8）。在此之前的莫高窟艺术，大都使用中国毛笔来勾勒，也能看出"一波三折"的中国笔法的情感，但在表现形体上总是受到印度装饰线的影响，线紧紧地依附在形体之下，并与形体的晕染结合在一起。

随着时代的发展，中国艺术家似乎感受到了某种压抑，从西魏第249窟窟顶北披的"奔牛"画面可以看到（见前图1-5），艺术家们在试图宣泄以中国线法为独立表现的情感。毫无疑问，这头奔牛的全部笔法，是中国汉民族的传统笔法，这可以从许多汉代的画像砖及墓室画中得以确认。

第290窟的绘画为莫高窟艺术的转变做出了极其突出的贡献，

图4-8　莫高窟第290窟壁画　国王出迎　北周

一改前朝画风，急锋直转，把线对形体的表现推向了一个高峰。这种线和笔的造型方法，并不是第290窟首创，而是在汉代以前就有了。其伟大之处，在于大胆地运用中国的审美思想去彻底地融合和取代外来的艺术，使莫高窟艺术从此大踏步地走向中国风格的表现（图4-9）。

画者在第290窟中大都运用短粗线，中锋行笔，每一笔粗细匀称，不求头尾粗细变化，只求圆实有力，起笔藏锋钝厚，收笔即止即收，这种"拙笨"的用笔，正是中国汉代以前的篆字书写笔法。浑厚粗犷的线与艳丽耀眼的色块相映，显得格外协调，产生令人陶醉的原始野性的壮美（图4-10）。很值得我们庆幸的是，这种粗犷强烈、高亢奔放和天性纯朴的艺术原始审美，被我们中华民族经唐宋流传至今，仍如奔腾的黄河在咆哮涌进中前行，让我们感受到了中华民族五千年文化的深厚积淀。

线在这里的表现令人折服，如故事5"步步生莲"画面（图4-11）中太子身后的三个菩萨（见前图1-9），勾勒的线条交织穿插得自然、流畅、贴体。画者似乎不忍用色块盖去这些生动的线，仅用了一些淡灰色稍加皴染，少许笔墨似乎表现了无限。又如故事30、故事31"宝盖覆宫""神送宝车"的画面（图4-12），线产生的美和旋律，使我们不知该赞颂什么，是线的优美，还是情感的丰富？是空间体现了线，还是线表现了空间？是情感在画面中流动，还是我们的心在动？一切尽在美的无言之中。

利用线加线的方法来形成深度空间是第290窟壁画的一大特色，线在这里演奏着"二重唱"，造型语言生动，无形中产生了远近的深度空间。所有线的用笔是肯定的、自由的，即使有错笔

图 4-9　莫高窟第 290 窟壁画　报靶人　　图 4-10　莫高窟第 290 窟壁画
北周　　　　　　　　　　　　　　　　国王跪拜　北周

图 4-11　莫高窟第 290 窟壁画　步步生莲　北周

图 4-12　莫高窟第 290 窟壁画　神送宝车　北周

之处或重新纠正的笔迹，也是同样肯定有力的，使人感到线的诚挚自然，毫无做作之感（图 4-13）。

画者在这里表现的情感是非常激越的。这激情犹如一团滚烫的烈火燃烧在整个画面上，好像这些丰富复杂的线条是创作者屏着一口气的瞬间一挥而就的，像疾风闪电般掠过整个画面，没有迟疑，没有阻滞。这在造型艺术中是何等之难！乍看上去，他的用笔"匆匆草率"，常出现重笔，似乎有"不在意"的信手而出之感。但是当我们去临摹每一根线时，却要屏气凝神，运足全身的力气才能达到它的浑厚和力度。

线的造型看似极其工整，但创作者却能用工整的线来表现"写"的意境。记得现代画家黄宾虹先生讲过一句话：一幅真正好的写意画，看上去要像工笔画，而工笔画看上去要像写意画。第290窟的绘画正是达到了这种境界（图 4-14）。

第290窟的佛传故事的画面从人字披上方南侧开始向北，每披分三层。画面用连环画形式表现，层与层之间呈 S 形路线连接。这种连环故事画不同于今天的分割式的连环画，故事与故事之间的画面是相通的。故事的分割一般以榜题来提示，不做强硬的分割，有的用山、树或房屋来自然分割。榜题的位置大小也是根据画面需要而定的，如中国画落款题字一样，要"经营位置"。

在印度雕刻中也出现了许多连环画面，但大都上下左右空间堆挤在一起，或采取双向式展开画面，而像第290窟这种单向式展开画面的比较少。不过，我们没有必要用绝对的口吻来说是否受到印度的影响，因为早期连环画面的表现形式有许多共同之处。这种与文字榜题结合的单向式长卷轴画面，应该说是中国传统的

图 4-13 莫高窟第 290 窟壁画
五家仆礼拜太子　北周

图 4-14 莫高窟第 290 窟壁画
太子树下观耕　北周

表现形式，一直是汉民族喜爱的构式。许多画像石砖及墓室画中均有这种画面。

第 290 窟故事画中的人物造型敦厚、质朴，人体比例正确、严谨。其五官塑造，在第一遍的土红线底稿上就勾勒准确，刷上白粉以后，五官造型仍然清晰，有的再用土红线重勾一遍，有的则留用底线不勾，有的仅做局部点画，然后在脸部、躯干及四肢画上一种红灰色的"肉色"。这种肉色原本较浅，而且能见到底层造型线，后来经氧化后变成黑灰色，因此五官显现得不太清楚，有的几乎看不见了。在画完身体上的"肉色"之后，再用更深一点的红色晕染出五官结构，最后点画嘴或眼睛，有极少数人的五官是用墨线重勾点画的。

另外，有的主要人物会用泥金色填满后，再用浓墨线勾出五官形体。如故事 5、故事 6 画面中太子身上及释迦牟尼成道后的形象中，都是填金后勾墨线，但是已经剥落，仅存极少部分可见。这些人物脸部及肢体上的"肉色"，画者在设色时不是填出来的，而是用笔"写"出来的。有的如没骨写意画，很讲究"笔"的情感。如故事 13"礼拜神庙"画面（图 4-15）中抱太子的相师身后的侍者，从肩到手掌，一笔写意而过，与其说这是形，倒不如说是笔，形仅存于笔的意象之间。

又如故事 5 画面中的太子身后的三个菩萨（见前图 4-11），身上的颜色都是一笔笔"写"出来的。靠近太子身后的一个菩萨的脸部，画者仅用了几笔，而且笔触从头顶直下颈项处。手脚的塑造也全是"笔"的符号。在画者心中，形即是"笔"，"笔"即是形。这些"笔"在塑造中产生的体积感令人赞叹。如故事 5 画面中最北侧边上第一个吹横笛的菩萨（图 4-16），身上的肤色用笔厚重壮

图 4-15　莫高窟第 290 窟壁画　礼拜神庙　北周

实，但又使人感到轻松，其体重看上去有八九十公斤，然而该人物在画面中的大小仅为十几厘米。

再如故事7"母子还宫"（图4-17）中，摩耶夫人抱着太子，乘坐四龙车，飘起的飘带显示四龙车急速飞驰。诸天神伎乐在上空奏乐，狻猊（suān ní）随车奔腾。这样一个全运动的快速画面，画者对脸部的肤色画法却截然不同于其他，用极淡和极少的"笔"点画而成，后面两个伎乐飞天的脸仅碰擦到一点点的颜色，似有一种朦胧之感，正像在快速的运动中无法看清脸的效果。这是画者别具匠心地表现人物在运动中的情景。相比之下，这个画面的

图4-16　莫高窟第290窟壁画　吹笛人　北周

图 4-17　莫高窟第 290 窟壁画　母子还宫　北周

整体色彩比其他的都要轻淡。在故事 31 "神送宝车"中，宝车的色彩也十分轻淡飘逸，这都是为了表现运动中的物体的效果（见前图 4-12）。

　　继而我们再看这些人物身上、脸上、手上的粗黑点线——晕染线，这些晕染线原来应是朱磦色，比上述的"肉色"深。这种颜色里含有铅，在大气中氧化变成了黑灰色。晕染法传自印度，莫高窟早期壁画中都是染形体的低处而留出高处，似现代西洋画中留"高光"。该窟中心塔柱龛内菩萨及窟顶飞天还保持这种染法。莫高窟西魏时期，出现"染高不染低"的染法，第 290 窟普遍使用这种染法。汉民族的传统绘画是不晕染的，有"素面"之称。而这里采用的"染高"法，是否吸收了汉民族民间舞蹈及戏剧在人物脸上的高处染以红色的习惯呢？

这些晕染以"笔"对形体而染。与其说它是"染"，倒不如说它是用笔"写"，脸颊、上眼睑、下颌及发际间的高处，用"笔"一写而成，不加修饰。身体的形体也晕染高处，如故事 56 中的相扑（图 4-18），两人身上的高处、关节处染以深色，增加了体积厚度的空间感。这些晕染随形而"笔"，一气呵成。如故事 39"渔猎生慈"中撒网的渔人，从头部一直到腿上的晕染寥寥数笔，用笔挥洒交错，准确扼要，气势连贯，真像一位音乐指挥家优美地挥动着的指挥棒（图 4-19）。

画者是一位善于用笔传情的天才，能利用"笔"塑造出各种不同情感的线条。如故事 76"逾城出家"中的四位天神托着太子的马蹄，不让马蹄着地出声，天神身上的肌肉晕染采用了粗犷有力的短粗线，使人感到四位天神肌肉结实，力大无比（图 4-20）。

图 4-18　莫高窟第 290 窟壁画　相扑　北周　图 4-19　莫高窟第 290 窟壁画　渔人　北周

图 4-20　莫高窟第 290 窟壁画　逾城出家　北周

图 4-21　莫高窟第 290 窟壁
裘夷献计试艺　北周

而在故事 52 "裘夷献计试艺"中的善觉王身上的晕染，又是不同的效果。善觉王因不知如何处理女儿的婚事，左右为难，闷闷不乐，画者在其撑着头的右手和下垂的左手处各画了一条拖沓的晕染线，通过这两条线表现出了善觉王无可奈何的状态（图 4-21）。

五、汉民族艺术审美的回归

服饰和造型的结合是紧密的。在第 290 窟中，宽大的衣袍使人物造型具有团块整体感，大多数人物不露手脚，没有特殊的动作，就连千姿百态的飞天造型也很讲究整体的团块结构。我们从战国帛画、马王堆出土的人物画、汉代陶俑以及霍去病墓前的雕刻中不难看出，第 290 窟明显地继承了汉代以前的民族传统造型，特别是人物意态与战国帛画、汉代陶俑非常相似。这种高度整体的团块造型，时至今日仍然值得推崇。意大利文艺复兴时期的艺术巨匠米开朗琪罗讲过一句话：一件雕塑作品从山顶上滚下来，会滚掉的部分都是多余的。这说明了造型要有高度整体性。

另外，第 290 窟的人物衣着朴实，色彩单纯，没有媚态，采用土红线的造型方法，符合汉民族的审美习惯。画面中的人物头冠、服饰大都是当时的汉族服饰。国王穿中国帝王的交领大袖深衣袍，并有曲领中单及蔽膝，足蹬大履，头戴通天冠。摩耶夫人、裘夷及宫女着当时汉地妇女的交领大袖襦服和长裙。太子除骑马、试艺时穿胡服外，其余都着王服。大臣头戴笼冠，着深衣袍。侍者穿的是当时汉地流行的紧袖胡服。这里面有些梵志一类的人物，画者想象不出当时的印度服饰，只好以邻邦的胡人服饰作为造型依据，头戴卷檐高帽，身穿胡汉结合的衣服。菩萨的服饰引用了外来的表现原型，但四壁上方大量的飞天（图 4-22）均着汉装。以上这些服饰在西安附近的耀县（现铜川市耀州区）石刻上可以找到完全一样的式样。

大量房屋式样也属汉地建筑。单体建筑分台基、屋身、屋顶三个部分，屋顶为四阿式或四阿重檐式，上覆青瓦，饰以鸱（chī）吻。这些房子在画面上仅做一种象征性的景物，无法居住。另外，画面上的龙车、马车、丧车的式样，耕地及祭祀的仪式，国王出行的仪仗用品，也均为当时汉地的式样和习俗。

六、艺术处理的自由

画者会根据画面的需要对布局、色彩等进行相应的艺术处理，第 290 窟体现了画者高超的处理技艺和自由的表现手法。比如故事 4、故事 5 中，太子从摩耶夫人右胁生出，画面绘出摩耶夫人

图 4-22 莫高窟第 290 窟壁画 飞天 北周

右手宽袖下伸出一个小儿的头，一名跪侍者做手接状（见前图
4-7）。但在下一个画面里，却是一个高大的光着身子的青年，一
手指天，一手指地（见前图 4-11）。这样高大的形象也存在于故
事 6 "九龙灌顶" 的画面中。但在故事 7 "母子还宫" 的画面中，
太子小如婴儿，被母亲抱在怀里乘坐四龙车回宫（见前图 4-17）。
在故事 12 "王礼太子" 的画面中，太子又变成了高大的小伙子，
而在下一个画面 "礼拜神庙" 中，太子又是一个婴儿形象。在这
以后的故事情节画面中，婴儿时期的太子也时有出现大人的形象。

这种自由的艺术处理手法，都是画者根据内容和画面的需要
所做的夸张表现。如果不这样处理，太子落地的第一句惊天动地
的豪言无法在画面上得到体现。如果是一个很小的婴儿，被众多
高大的天神侍卫围绕，这位圣者就难以突出而让观者产生崇敬感。

在人们的想象中，这位圣者一落地便显示了他的伟大气魄和
不凡气质。画者将心中想象的 "大" 表现出来了。一个充满青春
活力的青年，一手指天，一手指地，迈着坚定的步伐，说："天上

看 见 敦 煌

天下，唯我独尊。三界皆苦，吾当安之。"这样的处理与佛经的内容相吻合，应该说是令人比较满意的。

在"九龙灌顶"的画面中，如果是一个很小的婴儿被九条巨龙围住，人们可能会担心这么小的婴儿会不会被喷出来的泉水溺死，甚至会误以为龙要吞食婴儿。画者进行夸张表现以后，太子很潇洒地站着接受诸龙的洗礼，他似乎在体会沐浴的快意。

又如在故事55、故事56中，巨大的大象堵住城门，被调达打死，但在太子举起大象至城外，使大象复活的画面中，太子手中举起的大象只有一头小猪的大小。

更有趣的莫过于故事12"王礼太子"中对太子形象的处理。净饭王听闻太子诞生后出城迎接，当见到太子时，净饭王看见满天神龙在太子上方飞动，以为太子是什么圣神驾到，赶紧下马跪拜。这是一个极难处理的画面。如果摩耶夫人怀抱太子，国王跪拜，人们会以为国王跪拜摩耶夫人。而且国王虽然没有见过太子，但太子被摩耶夫人抱着，国王怎么会不识？另外，父亲跪拜儿子，这违反了伦理关系，在深受儒家思想影响的中国，人们无法接受和谅解。如何处理这个极其矛盾的画面呢？

画者为了呈现情节，将太子画为一个上半身裸露的青年，走在摩耶夫人之前，在太子的前面跪着净饭王，这时太子赶紧摆手示意，表示不能接受跪拜。这样处理的画面符合常理。摩耶夫人及侍从一行人走下龙车，太子单独一人先行，与对面相迎的国王相遇。这时国王当然不知道被诸天神拥护的青年是太子，而误以为是圣神，于是下马跪拜（图4-23）。画者还别具匠心地在太子身后画了黑色和蓝绿色的山，以示隔开了摩耶夫人一行很远，太子是在山间单独行走时遇见父王的，因而没被认出来，使人不会有"大逆不道"之感。可见画者在这个画面中经营的苦心和巧思。

画面色彩的处理也很自由，画者根据画面的需要而设色。如在故事49"太子赴学"中，国王命太子读书，太子骑马和侍从赴学（图4-24），与老师见面对话后，老师自愧不如，太子便与随从回宫。这是时间连接很紧的两个画面，其中的人物形象应该是一致的，但在太子见老师的画面中，太子穿黑衣骑白马，而在回宫路上的太子却穿黄衣骑黄马（图4-25）。

再看故事73"树下观耕"及故事74"王礼太子"的画面中，太子坐树下观耕得"第一禅"，这时太子穿的是黑衣。父王闻太子一心禅定，立即骑马赶来召回太子，当净饭王遥见太子"树枝曲荫，神曜非常，不识下马为作礼"，这是净饭王第二次不识太子。此时的太子已坐禅入定，并未起身走动，更不可能起身更衣，这个画面中的太子却着黄衣。净饭王出城骑马时穿的是黄衣，而跪

图4-23 莫高窟第290窟壁画 国王跪拜太子 北周

图 4-24　莫高窟第 290 窟壁画　太子赴学　北周

图 4-25　莫高窟第 290 窟壁画　太子回宫　北周

拜太子时却变成了黑衣。这当然不是画者的"糊涂",而是根据画面的需要进行的艺术处理,因为艺术的整体性是第一位的。

七、艺术造型中的减法

艺术的"减法"对中国绘画来说几乎很少提及,主要还是因为极少运用。第 290 窟的壁画,由于保留了大量的线而不设色,所以画面空灵明朗。可许多地方却在画完之后,用白粉填去土红线,致使该处的线消失,或保留极浅淡的痕迹。

我当初很不理解,这里已经很空灵,为什么还要减去呢?所以在临摹这一时期的壁画时,有意将这些用白粉减去的土红线保留下来。纵观整体后惊奇地发现,这些没有去掉的线条过密或太突出,对主要形象或动作喧宾夺主,有的还阻滞了视觉的流畅。一旦减去,视觉、情感和神思会如疾风电掣般流动,像开了闸门的水,一泻而下。显然画者在处理这些画面时,目光高度地觑视整体,反复在画面掠过,大胆地减弱那些稍"碍眼"的线条,让情感在画面上畅通无阻。

在故事 8 "国王出迎"的画面中,一名骑马的相师披着大袍,袖管与衣边同时出现了四条平行线,加之该相师处在前排位置,显得十分突出而生硬,与其他画面很不协调。画者用白粉做了大幅度的减弱处理,使大袍成了一个整体的平面(见前图 4-8)。为了突出人物或动作,往往把坐骑白马的线也大幅度地减弱。如在"逾城出家"的画面中,为了突出太子和托住马蹄的四位天神,白马的线条被减弱到几乎看不见,太子如坐云端(见前图 4-20)。

在故事 78、故事 79、故事 80 三个画面中,连续出现了三匹相同的白马形象，虽然显得重复，但又不能减少。画者将中间"车匿还宫"的白马减弱到几乎看不见，在马的前半部背上重重地勾了一条土红线，并画了一个完整的鞍。这真像唐代诗人平曾《絷白马诗上薛仆射》诗中形容白马的绝句："雪中放出空寻迹，月下牵来只见鞍。"这是艺术的象征手法。此时，画者又发现画面太空，缺乏浓重的颜色，于是在马肚和前胸处加画了几笔很重很粗的浓墨（图4-26）。这两块黑墨色什么形体也不是，当然，在这里却同时有暗示白马存在的空间位置的效果。但更重要的是，画者是将画面的"需要"放首位的。所以随手而出。

又如故事18"枯树生叶"画面中的树林，深远幽静，树叶茂密，树干枝丫穿插得自然生动。画者描绘了两大组树干，画完之后，发现前面这组树梢上交叉的枝丫过多过密，显得要"跳"出画面，于是很巧妙地用了大笔白色盖过树梢，树就变得朦胧而幽远。由于这一处是用很自然的"写"笔画成，所以不会使人感到有不妥之处（见前图1-10）。

在故事16的画面中，为了表现两个清扫道巷的人物动作，把两人的腿用白粉做了减弱（图4-27）。还有其他多处的侍者的腿也做了减法，使之出现在画面时只是一个所需的色块或装饰图案。把人物当作景物或一个装饰色块来画，这是现代西方艺术大师们所谓最"时髦"的整体"需要"构成形式。

我们从第290窟绘画的"加法"和"减法"中，觑见了中国古代大师对艺术整体造型的天机。

图 4-26　莫高窟第 290 窟壁画　北周

图 4-27　莫高窟第 290 窟壁画　夜叉扫街　北周

塑像开始
服从于线的表现

一、童贞的佛塑像

前面已述，敦煌艺术从西魏开始受到汉民族，特别是当时南朝文化艺术的影响，而到北周第 290 窟时期，则是敦煌绘画雕塑大踏步走向中国化风格的重要转型发展时期，这里专题介绍的是第 290 窟雕塑转到中国汉民族风格的全部演变过程。第 290 窟的塑像应属北周较早期的作品，其中夹杂着变革转型时期的许多反复不定的表现手法。从整体来看，第 290 窟的塑像相较于前朝有了很大的改变，外形和体积开始饱满起来，衣带、头饰、头发也开始有了厚实的形体。如衣服与肉体交接处的胳肢窝及腿弯处的塑造，不像前朝那样深陷，头发有的按分组的形体来塑造。塑像也出现了中国线法，如眉弓、嘴、下颌等处的塑造。颧骨及下颌骨比前朝的高，脸上的轮廓线开始变得圆实而富有变化。眉弓和颧骨交接处宽阔舒坦，特别是衣纹"阶梯式"的表现方法，将中国线法的表现利用阶梯的侧面来呈现。这些都是中国线法塑造的

图 4-28 莫高窟第 290 窟塑像 北周

追求。

北周时期菩萨塑像是以孩童的形体比例来塑造的。全身为五至六个头高，两只眼的位置处在头部骨骼的横中线以下，上唇比下唇长出二分之一，鼻、嘴、眼三者间距近而集中。佛的形象以孩童的比例来塑造，但都由于这一时期对孩童形象的崇拜，佛的脸部也出现孩童的比例特征，如眉眼间距开阔，嘴和脸基本也按小孩的特征来塑造（图 4-28）。

这里最大的变化是，北周以前塑像的清瘦、僵硬和平板的形象没有了，取而代之的是活泼、愉快、丰满、天真和坦诚的孩童形象。如果将两种塑像并列，不难看出北周塑像已经"脱胎换骨"。光从形象上而言，可以说这里的塑像完全是中国人的审美形象了。

二、塑造新手法的探索

第 290 窟的大多数塑像的眼睛都是用毛笔所画，说明塑者虽然一时找不到中国式塑线的语言，但心中非常明白，所需要的线正是像中国绘画一样的毛笔线。用毛笔代塑的方法，表达了这一时期的艺术家将中国线法运用到佛教艺术中的渴望。

在找寻中国线法塑造语言的过程中，塑者心中有时很茫然，从塑像的一些局部塑造可以看出这一点。比如，中心塔柱西向面龛内的弥勒菩萨，塑者在塑造鼻子时表现得无所适从，仅捏了一团上小下大的泥巴安了上去，鼻翼也分不清位置。两个眼睛不太对称，但塑者在用毛笔点睛时很巧妙地纠正过来了。塑者毕竟是一个能用艺术语言来歌唱的艺术家，虽然有些不足之处，但并不影响整体的艺术高度。

这尊未来佛弥勒菩萨，方宽的额头和开阔的眉眼间充满了无上的智慧和秀美，灵气十足，神采飞扬，不是前朝那种冷漠、规范化的表情。这是一个精明能干的青年，是一个有血有肉有思想的青年，是一个充满了蓬勃生机的青年。他的衣纹仍运用了前朝的装饰线法，但头冠上的两处树叶样式的头饰使用了起伏变化的中国线法来塑造。另外，上眼线、眼珠、眉线、颈纹线都是以笔画代塑的（见前图 4-6）。

塑者一次又一次地尝试，一次又一次地更换手法，去表达他心中的语言。如东向面龛外塑像的眼睛里先嵌进一个预制好的小硬球体，然后用线刻上下眼皮。但塑者碰到了新的问题，湿泥巴与干透的小硬球的干湿程度不一样，待泥巴干后上色时，眼珠的小硬球向外突出，加之预先制作的小硬球太小，无法使眼线塑长，显得脱节。无奈之际，塑者只好用毛笔把上下眼线加长加粗，并加大了眼珠。这样一来，才使得整体重新生动起来。

塑者还不遗余力地用中国绘画的线法在这个塑像上勾画，如发际、眉毛、上下唇线、鼻、人中线、下颌线、颈纹线都用土红线勾画，手背线、肚脐线也用毛笔画出，真是"塑不足画之"（图 4-29）。

中国塑造线法的改革在坎坷中前进，塑者的努力和苦心令人赞叹。

三、塑与画的技法并用

塑者开始试想在体积上寻找一种新的造型语言。我们来看中心塔柱南向面龛内东侧的迦叶塑像，塑者把迦叶的头顶塑成刀切一样的块面之后，就察觉到这种塑法的不适应，很快又换了一种

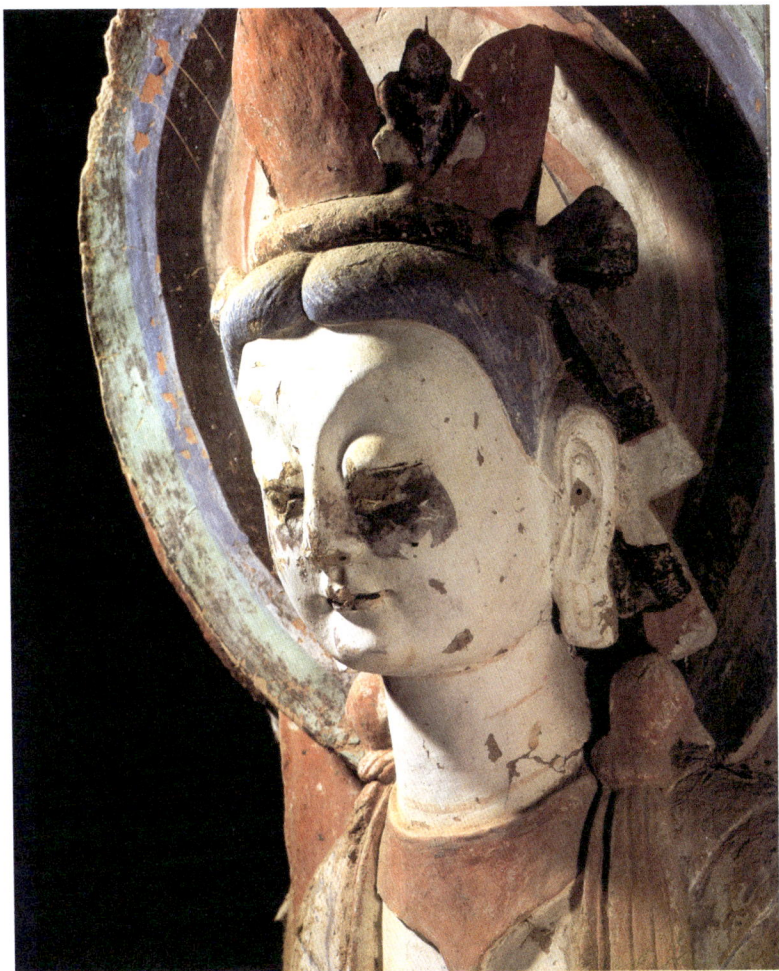

图 4-29　莫高窟第 290 窟塑像　北周

手法，即从眼部以下的脸部开始按现实中的形体来塑造，甚至似乎找到了一些中国式的"线"的表现方法。但这时在塑者心中出现的"线"不是十分明确，仅仅是凭感觉塑出来的。所以，塑者最后只得用毛笔在某些不足之处画而代之（图 4-30）。

还有中心塔柱南向面龛外西侧菩萨塑像，塑者把眼睛塑成了很凸出的圆球，但又觉得没体现意图，只得用毛笔强行画出长长的中国画式的眼线。用毛笔画出的右边的眼线，是在眼球的边缘上，相较于正常眼线的位置过于靠下了，但这是塑者最有意义的一种情感流露。试想，如果这根线从球体中间一画而过，那么长线实际看起来会变成波浪式的曲线，显得不流畅。这个塑像应是先画的左眼，左眼线比右眼线画得高一点，但是左眼线在眼角处断开了，所以塑者在画右眼线时就偏下到眼球的边缘上，线就显得完整、流畅了。塑者似乎在这里明白了些什么，于是在中心塔柱西向面龛的菩萨塑像中改换了方法（图4-31）。

中心塔柱西向面龛外南侧的菩萨塑像，脸部除了白粉底色外，五官几乎没有上色，仅在塑像的上眼皮处勾了一根淡淡的土红线，不难看出，塑者已经在这里领悟到：要表现眼中的"线"塑造，必须减弱眼球的凸度，使之平坦些，这样眼线就容易像中国画中

图4-30 莫高窟第290窟塑像 北周　　　图4-31 莫高窟第290窟塑像 北周

的线一样流畅。塑者大幅度地降低了塑像的眼球凸度，并塑出上下眼线，这眼线虽然还不完全像中国式的线的感觉，但为表现中国线法铺平了道路。对一个创造者来说，细微的成功是很大的惊喜和收获。

为了让人们看到他的感悟和分享他的喜悦，塑者故意留出了大量的空白，连眼珠也不点，仅在上眼线处勾了一条淡淡的土红线，让人能一眼瞅见他的成功之处（图 4-32）。

塑者兴奋之余，又在该龛外北侧以相似手法塑了一尊菩萨像。塑像的脸上除白粉底色外，也未上任何色彩，也没勾眼上的淡红线。眼睛刻画得更好了，长长的像柳叶，有中国毛笔画的效果。但是这里的线条还是没有"立"起来，依然是平面绘画的效果。不管怎样，这已经迈出了可喜的一步，表明可以不用毛笔塑出比较流畅、任意的线条。

再来看中心塔柱北向面龛外东侧的塑像的眼睛，也是用上述的方法塑造的，效果很好，但塑者还是一时找不到使中国线法"立"起来的语言，只好又用毛笔画了几道流畅随意的眼线。

从该窟塑像中所画的线条及笔法可以看出，塑像与壁画的创作者应该是同一个人。今天虽然无法确认，但是"塑"与"画"结合得和谐而有整体感，特别是用笔来点画塑像的传神之处，有"画可代塑、塑可代画"的画塑一致的效果。

也许有人会觉得，中心塔柱西向面龛外塑像的眼睛的线法，与莫高窟早期装饰线法一样，没有什么区别。但这里的形体已经减弱，退居到为线服务的地位，而早期的装饰线是为形体服务且受到形体的约束。这是两种截然不同的观念。

图 4-32 莫高窟第 290 窟塑像 北周

这种观念的诞生，为线开辟了施展表现的天地，后来才出现了生机蓬勃的中国式线法塑造的风格。

四、孩童造像最生动的时代

尽管第290窟的塑像在某些塑造方法上沿用了外来的表现手法，但丝毫没有降低它本身的艺术价值。就像用中国的乐器演奏外国的乐曲一样，音调虽有差异，但旋律和节奏都很美妙。第290窟的彩塑在艰苦的探求中竭力完美地表达了诗一般的艺术语言，展示了具有独特风格的北周艺术风采。

孩童形象的菩萨塑造表现得卓绝而淋漓尽致，天真无邪的孩童正像道家老子心中的小孩的形象，高高的眉下睁着一双明亮而好奇的眼睛，但眼神里并不需要什么，也不是在看什么。噘着的小嘴带着本能的微笑，柔软的小手自然地放着，半握的手并不是要握住什么。即使手里握着东西，也并没有半点的物欲感。两条腿的站姿，像是在玩耍中停留的瞬间。这真是"与他的天真的本性相合啊"。孩童的超凡并不能代替解脱诸苦后的超凡，这也许是后来孩童形象被取代的重要原因之一。但在当时迫切需要的情况下，采用孩童作为佛的形象无疑是一种很有见地的创举。

有人曾提出北周时期的塑像"形体比例不正确"。这种提法是否妥当有待商榷。因为洞窟四壁的壁画人物的比例都是正确的，特别是四周下方的供养人像，比例非常精准（图4-33）。值得再提的是，第290窟中心塔柱西向面龛下方仅两个巴掌大的一幅《胡人驯马》图（图4-34），就足以令我们感到第290窟的作者非同一般了。我们一开始看上去可能会认为很普通，但是作者在这里蕴

图 4-33　莫高窟第 290 窟壁画　供养人　北周

图 4-34　莫高窟第 290 窟壁画　胡人驯马　北周

藏了"过去"和"现在"的表现时间与空间的连环运动画面。我们将全画小腿以上部分挡住来看，驯马胡人小腿大幅度向前倾斜，而且由于力度过大，自然翘起了两个脚后跟。这时再看马腿，马的两条后腿后退不及，下蹲几乎着地，说明这位胡人曾经狠狠打出一鞭，马赶紧后退避让；然后我们再看画面的上半部分，胡人刚收鞭在肩，烈马立即飞起一前蹄踢向胡人，胡人大惊，躲闪不及，赶紧收腹下蹲躲闪，可见马之烈性。这个连环惊险的运动画面，作者对时间、空间、神韵等艺术表现的把握，足以令我们折服！所以，认为塑像"比例不正确"，是因为我们今人还没有全面读懂古人之意。莫高窟艺术"塑中有画""画塑合一"，即使画、塑不是同一个人，但是比例正确的画者应该无法容忍与"比例不正确"的塑者同操一室，否则全窟的画与塑的布局、色彩的艺术整体效果根本无法和谐统一。何况在北周及北周以前的洞窟中出现了很多相似的造型，不可能说这些时期的塑者全都不懂人体比例。

北周时期的塑像在中国线法塑造表现上还处于发展探索阶段，中国线法在这一时期尚未完全成熟。但不可否认，北周是莫高窟彩塑大踏步转向中国线法塑造的重要转折点。至隋末唐初，中国式线法的塑造才达到最完美的表现形式。

五、开启线造型情感表现的新世界

第290窟的艺术十分伟大，但这并不等于它是一个历史的宠儿，它的诞生夹带着的辛酸留存至今。从四壁下方及中心塔柱四面龛下方满绘一圈带名字榜题的供养人可以看出，这个洞窟如同北周的其他许多洞窟一样，是由僧人和俗家弟子捐资所造。

第290窟所处的时代非常复杂，虽然"佛教东传，时过七代"，但与中国本土的儒教、道教的斗争仍未停止。这场三角战争，几起几落，到了北周初期，斗争急剧升级。

在武帝当政时，佛教完全处于劣势。虽然官方组织了几场辩论，但由于统治者的需要和偏颇，佛教在北周时期一度遭到禁灭。《周书·武帝纪》记载："（建德二年）十二月癸巳，集群臣及沙门、道士等，帝升高座，辨释三教先后，以儒教为先，道教为次，佛教为后。……（建德三年五月）丙子，初断佛、道二教，经像悉毁，罢沙门、道士，并令还民。并禁诸淫祀，礼典所不载者，尽除之。"从中可以看出，佛教和道教均被废除，只存儒教。

佛、道两教在许多方面都已互相融合，但为了争取统治者的重新承认，取得合法或领先地位，从而达到复兴的目的，佛教和道教又展开了新的斗争，双方之间展开激烈的辩论，以致后来互相攻击和诋毁。佛教徒们一边向朝廷抗争，一边与道教徒辩论，同时也不失时机地宣传佛教和建寺造像。

虽然中原地区"经像悉毁"，但偏远的敦煌莫高窟却是一个佛教兴盛的地方。当时的统治者不可能出资建寺造像，僧人们和信徒们为了争取势力，慷慨解囊，集资建寺或开窟造像，不惜重金请来艺术大师。第290窟就是在这样一种情况下诞生的。

从第290窟的艺术中，还可以看到艺术家为了适应当时复杂的形势所做出的努力。比如大篇幅的佛传故事，让人知道佛是一个真实的人，并非虚构的神话人物，他经过复杂曲折的思想斗争，冲破了重重阻力，才得以解脱人生诸苦而修炼成佛。他是所有修行者和信徒效仿的榜样。创作者还选用了直接由古印度迦毗罗卫国最早传入中国的梵文译本《修行本起经》作为该窟的脚本，以示佛教传入的历史久远。

艺术家不惜篇幅地选用了大量的释迦牟尼诞生时的瑞应画面，还把《修行本起经》里没有的但在其他译本中有记载的瑞应也加到这里，以表示瑞应之多，让人知道只有圣人降生才会出现这些吉祥瑞象。如故事24"马生白驹"、故事25"黄羊生羔"两个瑞应现象，引用自《太子瑞应本起经》《普曜经》《过去现在因果经》《释迦谱》等经。

佛、儒、道三教表面上明争暗斗，但实际上互相吸收，特别是佛教吸收了大量儒教和道教的思想。儒、道两教毕竟是本土的宗教，民族意识及审美思维的固有方式存在于两教之中。佛教顺着儒、道两教的意识和思维，来宣传并壮大自己的势力。如在第290窟中出现的孩童形象的佛像，就是吸收了道教的审美思想，而且为了适应汉民族的审美习惯，改用中国的笔法线法和色彩来表现画面。

在这场历史的抗争中，第290窟的创作者不负众望，为线造型的情感表现开启了一个新的世界，这对之后隋唐艺术的飞跃发展起到了非常重要的作用。不仅如此，创作者还精通佛经，明晓佛法奥理，能将汉民族宏大深沉的民族精神世界与卓绝的艺术技巧融为一体，无缝无痕，无边无界，茫茫如宇宙。我们从中可以看到创作者深邃无比的艺术修养和艺术表现的天资，更可以看到他们为中华民族艺术不懈奋斗的艰辛！

第 五 章

敦煌文化
与中原文化
源流探源

敦煌壁画与文人水墨画中"以神写形"的"大写意"表现

中国的文字和绘画一开始便是从表现"意"的审美出发的,"象形文字"的"象"即"形之意象",应该说中国的传统绘画和书法都是"写意"法。由于后来"大写意"画和这一名词的出现,后人只好用"小写意""大写意""工笔画"来给画分类了。但"大写意"的绘画表现手法往往被误认为是宋代文人水墨画兴起后才出现的,其实不然。大写意的绘画表现手法不仅在汉代的画像砖上出现过,而且在远古的彩陶绘画中也为多见。我在这里要表述的主要是敦煌壁画中的色彩的大写意表现手法,同时展现从色彩大写意传承到水墨画大写意的发展轨迹。

一、从"以形写神"到"以神写形"

自从东晋顾恺之提出"以形写神"画论和南齐谢赫提出绘画"六法"之后，中国绘画似乎有了一个规范，其对中国绘画艺术的发展在较长的一段时期内起着极其重要的作用。2002 年我受英国伦敦大学邀请到大英博物馆研究流失在那里的敦煌藏经洞绢画，刚好顾恺之的《女史箴图》与敦煌绢画同存一密室，我有幸临摹了这幅中国最早的绢画，并由此真正领悟到顾恺之的形神论精神。顾恺之对形体的要求是很严谨的，线在形体结构上的表现，特别是在形体交接和重叠处的刻画都是非常紧密而精准的，我用了两次起稿和反复修正才比较接近这幅画的造型结构（图 5-1）。从总体布局看，他是有先起稿定形的，因为全画人物大小一致，人物的组合自然并相互有呼应，表现得非常准确完美。当然，顾恺之对神的表现，也是丝毫不放松的，在人物身上的用笔虽细如游丝，但线在运笔中的情感和神韵是非常生动有力的，让我体悟

图 5-1 女士箴图（局部） 顾恺之 东晋

到"高古游丝描"中的神满气足的表现。这也非常符合他的"以形写神"的精神。为了体现这种线的微妙神韵，他较少设色，而且颜色很淡。如这些人物的衣服都是有设色的，只是色用得非常淡。另外，顾恺之最为讲究的是人物的神态，即在大的动势中的神态。而他在大的神态塑造中又特别注重眼神的表现，让人感到自然而生动，能真正看到他的"传神阿睹"的精妙表现手法。因为这幅画很小，人物头部仅如指头大小，要做到如此精美的塑造和神韵是很难的。他的这种"以形写神"的审美思想和"形神兼备"的表现手法，对后朝诸代影响巨大。

印度佛教经文自东汉传入中国，但佛教艺术在魏晋南北朝时期才真正传入并兴起，使中国绘画在色彩的表现上得到了发展。至唐代，印度绘画色彩的表现完全融入中国本土并形成了汉民族自己的色彩艺术世界，唐代富丽堂皇的色彩与线造型的表现都同时达到了一个前所未有的高峰。这种完美的结合与表现，似乎令后人有无法超越之感。从敦煌壁画和敦煌绢画中就可以看出这一点（图5-2、图5-3）。当然，这些情感丰富的线造型和富丽堂皇的色彩塑造，也是在顾恺之的"以形写神"和谢赫的绘画"六法"的审美思想指导下进行的。

顾恺之与谢赫两位大家提出的画论当然无可非议，但每个人对此的理解和悟见不同，往往在其作品中的表现差别很大。顾恺之的"以形写神"论把取"形"放在首位,而谢赫的"六法"——一曰气韵生动，二曰骨法用笔，三曰应物象形，四曰随类赋彩，五曰经营位置，六曰传移摹写，把"气韵生动"放在首位，把"应物象形"排第三位，在这里谢赫很明显是强调以"神"为先的，

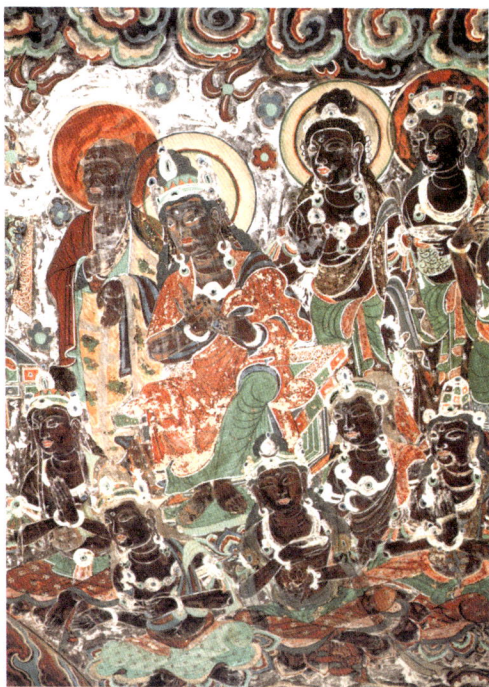

图 5-2 莫高窟第 328 窟壁画　唐代

归纳起来应该为"以神写形"。但顾恺之在先，又是一位影响后朝诸代的大画家，这就自然形成了"先入为主"观念。所以，不管怎么说，中国古代绘画都是"以形写神"的表现法居多数的。然而，这并不意味着没有人悟见谢赫"六法"将以"神"为先视为艺术表现的最高境界。我们在敦煌壁画中就看到了以"神"为先的画法，尽管出现的画面不多，但体现了艺术家心中的一种渴望和大胆尝试，我们暂且把它命名为壁画中的线和色彩的"大写意"画法。如莫高窟西魏时期的第 249 窟窟顶北披的"奔牛"（见前图 1-5），完全就是用线来表现的大写意画！当然，这无疑受到了汉代画像砖写意造型的影响（见前图 1-6）。还有该窟南壁天宫

图 5-3 敦煌藏经洞绢画 大英博物馆藏

伎乐中的"大面"头像（图5-4），稍稍用线勾了一下形体，就直接用大笔挥洒色彩，直取其神韵。形体结构随笔而出，眉毛皱纹一笔而过，鼻、眼、嘴都不是那个形状，不在那个位置。要特别提醒的是，这里的每一笔都不是依靠"形"来出笔的，而是利用"笔"的自由性和随意性产生一种生动的气韵色块，所谓"形"也随着这生动的气韵被意象化地带出，似形非形，似像非像。这就是以神为先的"以神写形"法。莫高窟北周时期的第428窟涅槃图中的举哀弟子像，所有的形体都用一种粗犷而自信的大写意笔法画出，不管该画是否存在变色的效果，激越奔放用笔的写意情感都是一目了然的（图5-5）。北周第290窟佛传故事画中的树林的树干枝叶画法（见前图1-10），上面述过，这几根树干上一大笔横扫而过的白色是敦煌壁画中的"减法"表现技法，这里连续出现的几大笔随意的白粗线，使这片原本寥寥数枝的森林，令人感到似有千枝万叶、生机盎然的茂盛景象。这也是采用"舍"其形而

图5-4 莫高窟第249窟壁画 西魏

图5-5 莫高窟第428窟壁画 北周

取其"神"的绝妙之笔。该佛传故事画中还有许多"以神写形"的画面，如其中"渔人网鱼"的画面（见前图 4-19），造型线条生动，最为生动的是渔人身上黑灰色的晕染线，其笔法挥洒自如，形成了"神"在运动中的韵律美，犹如一个音乐指挥家手中的指挥棒在空中画出一道道优美的弧线！无独有偶，与第 290 窟艺术风格相似的北周第 296 窟的西龛内下方的婆薮仙人和鹿头梵志（图 5-6、图 5-7），仅勾了几条大体的形体轮廓线，然后用色彩直接下笔取其神态，且不再勾画出五官及表情，似乎就是在告诉你在这里只要显现一个影子的神态就够了。这种大写意画，也可称得上地道的"抽象画"了。可见第 290、296 窟并非一般见地的画工所为。

在隋代，似乎整个朝代都更注重"动"的神态表现，即隋代

图 5-6 莫高窟第 296 窟西龛壁画——婆薮仙人 北周

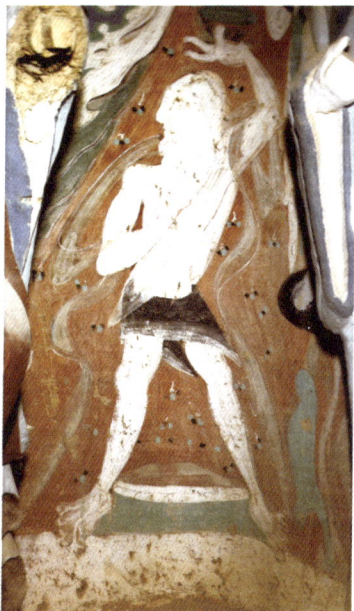

图 5-7 莫高窟第 296 窟西龛壁画——鹿头梵志 北周

比前朝和后朝诸代表现运动的"力度"都要大，画中飘带大都不打弯卷，且直细而尖，表现在疾风中飘过，同时也表现人物飞行时速度极快的神态。如莫高窟隋代第 419、420 窟的壁画背景中用大刷笔任意地挥洒出疾快流动的风的感觉，如此狂野的大写意手法和胆量，会令人怀疑是不是现代人所为（图 5-8、图 5-9、图 5-10）？在造型方面也出现了一些非常生动的画面，如第 420 窟窟顶北披下方的"灵鹫山"图，完全没有按照山石形体结构的画法，而是顺应毛笔情感的随意性叠加而成，令人第一眼看到的不是山，而是一团气势磅礴、气韵生动的气流在涌动流淌（图 5-11）。

图 5-8 莫高窟第 419 窟壁画　隋代

图 5-9 莫高窟第 420 窟壁画　隋代

图 5-10 莫高窟第 420 窟壁画　隋代

图 5-11 莫高窟第 420 窟壁画——录鹫山 隋代

　　到了唐代，大写意的画面也不断出现，如莫高窟盛唐时的第23窟南壁中的山景和树的画法，直接用纯色叠加画出，用笔轻松随意（图 5-12）。当然,更精彩的是该窟北壁的"雨中耕作"和"雨中收获"画中云彩的画法（图 5-13），仅用淡墨先随意扫画出了一大片云块，然后画上几道浓墨线，顿时令人感到乌云密布，雷电交加，一场大雨倾盆而下。值得注意的是，这幅用单色水墨与

图 5-12 莫高窟第 23 窟壁画　盛唐

图 5-13 莫高窟第 23 窟壁画　盛唐

墨线表现的画面不仅是唐代时期大写意画的代表作，还为后来文人水墨画的形成开辟了新的视野，可以称得上是最早的文人水墨画中"以神写形"大写意画派的鼻祖。再看中唐时期的莫高窟第156窟窟顶的壁画，不管是笔墨浓淡、枯湿的层次空间表现，还是写意情感肆意狂野中的沉稳，都足以让今天所有的写意画家望尘莫及（图5-14）。

当然，宋代文人水墨画的兴起，应首先追溯到唐代以王维为首的文人、士大夫提倡的"士人画"派，他们主张要"画中有诗，诗中有画"，其实就是推崇绘画要以"神""意"为先，并开始放弃色彩的表现，将所有色归于墨来表现。我们今天虽然看不到王维和吴道子的绘画原作了，但在现存的唐代敦煌壁画上仍可看到这种思想的影响。如从莫高窟第103窟中唐时期的《维摩诘经变》图（见前图1-19）和第225窟的供养人（图5-15），可以看到水墨

图5-14 莫高窟第156窟壁画 中唐

画的萌芽和雏形。这个维摩诘是由浓淡两层墨线画成的，第一层
淡墨为起稿线。这个女供养人也是有起稿线的，说明当时作画仍
是以"形"为先的，虽保留了少量色彩的表现，但更多是用墨色

图 5-15 莫高窟第 225 窟供养人　中唐

来表现的。

　　到了宋代，正式出现了两大画派，即以宫廷画师为主的院体画派和以文人、士大夫为主的"士人画"派。以宋徽宗为首的院体画派全面继承了传统的线与色彩结合的表现手法，朝着更写实的方向发展（图5-16）。从宋徽宗的《桃鸠图》可以看出，其写实的程度可以和现代的照片以及西方写实的油画媲美。而以苏轼为首的另一"士人画"派（后称"文人水墨画"派）在宋代正式

图5-16 桃鸠图　宋徽宗　宋代

兴盛。苏轼还亲自为"士人画"提出了很多理论标准。用文人、士大夫的"清高"和"逸气"来区别过于拘谨的院体画派的"匠气"。他主张"诗画本一律，天工与清新"，这一点与唐代的王维是相同的；要求"观士人画，如阅天下马，取其意气所到"；认为"论画以形似，见与儿童邻"；作画时要"有感而发"，要自由自在和娱乐性，不拘一格；还要有"象外"之意："时时出木石，荒怪轶象外"；要如"文理自然，姿态横生"；"吾文如万斛泉源，不择地而出"；等等。

纵观上述，文人水墨画仍然继承和保持了唐以前传统中的以"神""意"为先和线造型的表现方法，其最大特色是将诗、书、画、形、线、笔、色、墨合归为"一"来表现，即用一墨色代表全部表现语言，当然这里的"一"又归"神"和"意"来统领。文人画的最大创新是将所有的色彩归为一种墨色来表现，即"墨分五色"，这在中国传统绘画的发展道路上另辟了一条蹊径，而"士人画"派也成为中国绘画史上极为重要的一个流派。

当然，苏轼提出的这一"士人画"理论的理想和愿景很美好，但实现并不容易。因为要用至高的"神"统领各项表现归"一"是很难的，这取决于每个人对"神"表现悟见的高度。换句话说，这取决于"神"作为统帅能不能指挥到下面每一个人。令人有点遗憾的是，连"文人画"创始人苏轼的绘画也未能用"神"统领全部。我们来看苏轼的《枯木怪石图》（图 5-17）。不难看出苏轼对石头和树枝的塑造仍然是执着于"形"的，因为他的每一笔都紧紧依附在"形"之中，包括对形体转折处的精细刻画都不放过，他的淡墨皴笔法，也是为了加强形体而作的。他的另一幅《竹石

图 5-17 枯木怪石图　苏轼　宋代

图 5-18 竹石图　苏轼　宋代

图》(图 5-18)，也同样执着于"形"，即把一切技法全部归于"形"的塑造，还没跳转到以"神"为先的层面，仍然采用顾恺之的"以形写神"的审美视觉。

　　令我们十分欣慰的是，在五代至宋时期出现了两位画家，一位是石恪，一位是梁楷。石恪比梁楷早，我们从他的《二祖调心图》(图 5-19)中可以看出，他令人耳目一新的独特之处是将"形"归于"线"和"笔"，即"形"在这里完全被归化到"线"和"笔"里面了，而这"线"和"笔"又归于"神"的情感表现，在"神"的指挥下完成了"线""形""笔"表现的归"一"。

图 5-19 二祖调心图　石恪　宋代

图 5-20 泼墨仙人　梁楷　宋代

　　到了宋代的梁楷，便更棋高一着，他将"神"的表现推到了最高峰，如他画的《泼墨仙人》（图 5-20），竟将"形""线""笔""意""色""墨"以及"虚""实""浓""淡"真正全部归"一"，化为"神"的表现，全部表现技法都泼洒在这"神"的空间里！"神"在这里统领了一切。梁楷这才真正展示并完成了文人水墨画"以神写形"的最高表现与精神境界。"形"在这里被抽象化了，后人称这种画为大写意画。可以说，这幅画也称得上抽象绘画的杰作。我们再看梁楷的另外两幅画——《六祖伐竹图》（图 5-21）和《六祖撕经图》（图 5-22），梁楷在这里直接以浓笔饱墨的线条挥洒而就，用笔如飞刀乱箭在空中飞蹿，似乱而不乱，空灵有序，"笔才一二，像已应焉"，"虽笔不周而意周"（唐代张彦远《历代名画记》），意断气连。使神韵在纸上跃然飞动。其实梁楷在这里给我们展示了如何将书法的用笔法归入画中"神"的表现这一奥秘。

可以说，梁楷对文人水墨画以"神""意"为先的表现进行完善并使其上升到了一个新的层面。同时代的画家都非常尊重佩

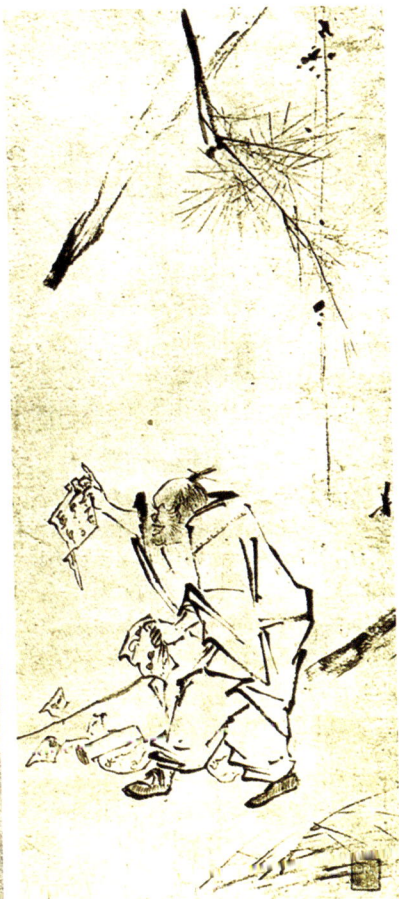

图 5-21 八祖伐竹图　梁楷　宋代　　　图 5-22 六祖撕经图　梁楷　宋代

服他，但对他的作品却只能"望画兴叹"，望尘莫及。有人认为这抽象式的舍"形"取"神"境界太难达到。也有人认为他之所以能达到这种境界，在于生活自由放浪，不拘小节，以及常在醉酒之后作画，能进入如痴如狂的状态。由此可见梁楷在作画之时常使自己进入无意识的朦胧状态，达到"得神而忘形"的境界。梁楷因此也被人称为"梁疯子"。因为这一点常人难以做到，所以在他之后的画家无法继承和超越，当然主要还是没有悟见诸法归于"神"的天机。所以大都只能采用"以形写神"的方法来画文人水墨画。

二、水墨大写意画派的继承和发扬

梁楷之后过了 300 多年，明代画家徐渭（1521—1593）才重新悟见梁楷这一"以神写形"的表现手法，从而创作出了一大批影响于世的杰作。有人评论他是"只求神似，不求形似"，追求"似与不似之间"。其实更精确的说法，应是以"神"为先的"以神写形"。徐渭绘画中的"形"都是由全画中的"神意"自然顺便捎带而出的，并不刻意追求。如徐渭的《墨葡萄》画（图 5-23），已经分不出哪个是形，哪个是葡萄，哪个是枝叶，一切均在神韵支配下表现为墨色和水的交融与流淌（图 5-24）。我们发现，徐渭在这里对"水"的表现很特别，又为文人水墨画增添了一种"水"的自由流淌技法，使水墨画的"水"也回归为一种表现手法的真正含义，进而完善了"文人水墨画"这一称号。另外在《墨葡萄》这幅画中还要特别注意上方诗句的书法（图 5-25），这里每一个字的笔画都是绘画中用来表现形体线的笔法，即用"画"中的笔法来写书法，在

图 5-23 墨葡萄 徐渭 明代

上图 5-24 墨葡萄（局部） 徐渭 明代
下图 5-25 墨葡萄（局部） 徐渭 明代

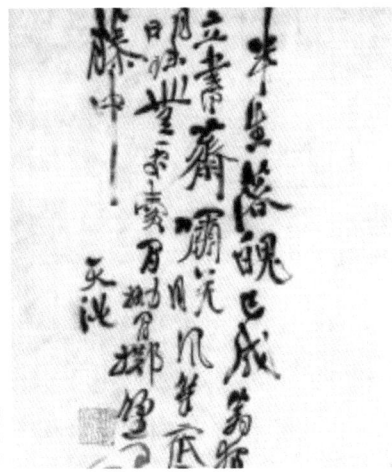

这里也暗示了"书法"与"线""形"合一并归于整体"神"表
现的方法。这都是徐渭在全面继承梁楷水墨大写意画技法的基础
上对其的发展和贡献。

左图 5-26 驴背吟诗图　徐渭　明代
右图 5-27 驴背吟诗图（局部）　徐渭　明代

　　当然，我们还可以看到徐渭很多作品对水墨画的"神""意"有深刻的悟见和表现，如他的《驴背吟诗图》，令人一眼就能看出下笔时直取其"神"的表现手法（图 5-26）。我们看到，这位吟诗人背朝观众，从头顶一笔直下的高帽，笔、墨、神、形、浓、淡、虚、实皆有（图 5-27）。然后，仅用墨点了一个点，就算是眼睛了，之后顺带勾了一下鼻头和颧骨，再用皴笔画出头发和胡子。细看这眼球似乎也不应该在那个位置，而且这帽、眼、鼻、头发、胡子、衣领皆不相连，留出很大空白，但仍然令人一眼就能看到这位吟诗人骑在驴背上向前有节奏运动的动感和神态。由于他对头部描画得很轻松自如，所以接下来吟诗人的身体背部则可轻描淡写地一带而过。画到驴身和驴头部时，又用一种有负重感且有力度的笔触来表达。用笔也狂野豪放，如两撇随意落下的笔墨便是驴子竖起的耳朵，这种非笔、非墨、非形的落笔全凭他的神意为之。接下来的驴头、驴眼、驴脸、驴嘴一笔顺势扫下，也不管驴眼在不在那个位置，只是用线强调了一下，这驴的生动神态便跃然而出。再看驴下面四条奔走的腿，更不管形体结构了，这简直就是在用汉字书写中的"撇、捺、横、折、点、竖、勾"的笔法。但在整体的画面中却又如此生动、有说服力，观者不仅能看到驴四蹄奔走时充满韵律节奏的美，似乎还能听到驴蹄着地时发出的清脆的声音。此时，再回看整体画面，确有一种轻松飘逸的文人诗句般的韵律和境界，难怪会令这位文人情不自禁地想吟诗一首！真可谓"此时无声胜有声"。难怪徐渭自称书法第一，诗第二，文第三，画第四。可见他之所以悟见并到达文人画的巅峰，与他的"诗"与"文"也能同时归"一"入画有关。当然，徐渭的杰作很多，在此不一一赘述。

三、"以神写形"的水墨大写意画派发展及其影响

当然，文人水墨画基本上也可以划分为"以形写神"和"以神写形"两大画派。"以神写形"画派创作的以大写意画居多，这里讲的主要是水墨大写意画派。文人水墨大写意画派又有两个高峰期，一个是宋代的梁楷时期，一个是明代徐渭至现代时期。徐渭的贡献不仅在于全面继承了梁楷大写意画派"以神写形"的审美精神，还在于其进一步把这种精神发扬光大，使水墨画的理

图 5-28 徐渭的竹（左）和郑板桥的竹（右）

论更加完善。徐渭将水墨画大写意的表现手法普及，将人物、花
鸟、山水的大写意表现再一次推向高峰，使文人水墨画发展出现
了新气象。此外，他还引起了他同代人及后朝诸代的极大关注，
特别是对明末清初的石涛、八大山人影响巨大，而清朝的华喦以
及扬州八怪等画家，还有现代的吴昌硕、齐白石、傅抱石、潘天

寿、黄宾虹、张大千等许多水墨大写意画家，都受到徐渭的影响，对其心生崇拜，并对其作品感到望尘莫及。当然，当代受徐渭影响的艺术家就更多了。让我们再一次把徐渭的画与扬州八怪之一的郑板桥的画放在一起来比较（图 5-28），一眼便可看出左边徐渭舍"形"取"神"入画和右边郑板桥执着于以"形"入画的不同，感悟到"神"表现的高难度。难怪郑板桥和齐白石都自称愿做青藤（徐渭号）的"书童"和"门下走狗"。可见他们自知只学到徐渭之一二。黄宾虹还特有诗赞曰："青藤白阳（陈道复号）才不羁，缋（hui，与'绘'字同音同意）事兼通文与诗。取神遗貌并千古，五百年下私淑之。"这里面提到"取神遗貌并千古"，遗貌即舍弃遗忘了"形"，并且掌握了"并千古"的万法归一的诀窍，一言道破了徐渭作画时直取其"神"的天机，也认为 500 年来无人超越。要做到"以神写形"、用"神"去归统全部艺术表现手法实属不易。这也许就是徐渭的独到之处。

栖霞山石窟：
南方文化影响下的
敦煌艺术

在 1900 年敦煌藏经洞被发现之后，敦煌莫高窟这座艺术宝库才引起了世人的巨大关注。从此，人类世界便兴起了一门新的学科——敦煌学。现在全世界有 20 多个国家和地区有了敦煌学研究所，敦煌学家更是遍布世界各地，敦煌学正蓬勃发展，方兴未艾。

敦煌莫高窟现存有壁画和雕塑的洞窟共 492 个，壁画面积达 45 000 多平方米，彩塑 2000 多尊。这是世界上现存规模最大、保存最完好、内容最丰富的艺术宝库。它经历了中国的北凉、北魏、西魏、北周、隋、唐、五代、宋、西夏、元等 10 个朝代，具有 1000 余年的历史。更为令人称奇的是，这里历时 1000 多年的石窟开凿几乎没有间断过。敦煌由于地处古代"丝绸之路"的要冲，因而成为中西文化交流的重要集散地。它对研究佛教艺术的来龙去脉，以及佛教艺术在这里的演变与本民族艺术表现形式的形成，有着极其清晰和鲜明的史料价值。也许正因它处在这一特殊地带，所以国内外学者关于敦煌文化的形成才出现了"西来说"和"东来说"之争。当然，也有人提出了"本土说"，现在看来又可能要出现"南来说"。这种纷争是好事，迫使大家进一步地去探讨和考证。这是今天敦煌学兴旺发达的一种表现。

与此同时，敦煌学者们还碰到一个问题，即为何日本法隆寺的壁画与敦煌莫高窟初唐时期壁画的绘画风格相似？由于在中国内地无法找到其他幸存的相似壁画，所以，有的学者认为日本的法隆寺壁画与敦煌有关，日本人也常来敦煌"追本溯源"。日本法隆寺壁画的绘画风格真的是由敦煌传过去的吗？

南京栖霞山石窟中 102 窟飞天壁画的发现和研究，使我们对上述问题有了更进一步的认识。我们同时还发现，在敦煌学的比较研究上，我们可能还忽略了一个关键问题——时间差。

一、中国南方是中国佛教最早的兴盛地

尽管敦煌莫高窟在今天世人的眼中显得极其伟大而神奇，但我们仍然要从整个中国佛教史的宏观角度来认识它、研究它。有大量的史料表明，敦煌莫高窟并不是中国最早出现佛教造像的地方，也不是规模最大的，而且不是当时艺术水准最高的。可以说，它仅仅是当时整个佛教艺术的一斑。所幸的是，敦煌莫高窟由于气候干燥和地处偏僻的沙漠地带而被保存下来。而中国其他地区的石窟和寺庙都因环境因素与战乱等人为因素遭到了不同程

度的破坏，所剩无几。例如昔日的南朝首都建康（今南京）曾有"四百八十寺"，而今仅剩栖霞寺、鸡鸣寺等几座寺院和残破的栖霞山石窟（也称千佛岩）了。特别是佛教石窟中的壁画，由于内地潮湿，几乎荡然无存了。这使我们在研究这些时期的佛教艺术和中国绘画史时遇到了很大困难，因而也留下了不少难题。

尽管如此，我们的专家仍然对现在残存的佛教石窟和各地大量出土的佛教遗物进行了艰苦卓绝的研究，取得了非常可喜的成就。例如南京艺术学院原副院长阮荣春教授多年来对佛教南传之路的研究，为我们今天研究敦煌艺术提供了极其宝贵的资料，也为我们提出了许多值得重视的新问题。他所著的《佛教南传之路》一书，通过大量的佛教出土遗物，反复排比、考证和总结诸多前辈的论证，找出了佛教造像传入中国的新途径。他认为佛教造像艺术最早传入中国既不是从"陆上丝绸之路"，也不是从海上，而是在东汉末年至西晋时期由缅甸经云南到四川，再由四川沿长江流域向东呈喇叭形状传播到中国内地的，而且最先在三国时期的吴国兴盛起来，并在这一时期经由这里传入高丽和日本。

关于佛教的早期传入，据袁宏《后汉记》、范晔《后汉书》记载，汉明帝（公元57—75年在位）曾遣使到西域求法，但其使者带回佛像之事可能属后人传说，还有待进一步考证，因为公元1世纪的印度还没有出现佛像。据诸多专家考证，佛像正式出现是在公元2世纪以后的古印度北部的犍陀罗地区。所以，"明帝感梦"之事似乎不符合史实。但佛经自此时传入中国却是事实。阮荣春先生认为佛教造像在中国的最早出现，应该以正史《三国志·吴志·刘繇传》中记载的笮（zé）融事迹为准，他曾造铜像，"设像行道"。

其后,康僧会在吴赤乌十年（247）来到建业（今南京）"营立茅茨,设像行道"。他使孙权建造了一个塔寺,名建初寺。康僧会世居天竺（今印度）,父亲因商贾移居交趾（今越南）。他的到来,对"江左大法遂兴"起到重要作用。可见此时南方的东吴已有了寺庙。不过,从其他史料来看,东吴在康僧会到来之前已有了寺庙。如《武昌县志》记载:建安二十五年（220）孙权在城南做寺,名"昌乐院",其内"有二浮图"。又据《吴县志》记载:吴赤乌四年（241）,僧性康自康居国来,孙权为其建寺,名普济禅院；十年（247）,孙权建舍利塔十三级。由于年久远,无实物可证,但从南京雨花台长岗村五号墓出土的一件东吴时期的青瓷釉下彩盘口壶上出现的佛像可以看出（图5-29、图5-30）,上述这一时期有寺庙的建造完全是可能的,并且寺庙里一定有佛造像了。因为在日常使用的器皿以及在墓葬的魂瓶上出现佛像（图5-31）,说明佛造像已经

图5-29 青瓷釉下彩盘口壶（南京雨花台长岗村五号墓） 三国东吴　图5-30 青瓷釉下彩盘口壶（局部）

很普及并生活化了，而这些造像的造型依据必然来自当时的寺庙，这是汉民族"上行下效"的习俗。从造型艺术风格上看，这一时期的佛造像应是犍陀罗造像风格。

近年来，由北京大学、南京博物院、南京艺术学院和日本龙谷大学联合组成的"早期佛教造像南传系统中日联合研究组"，在中国进行了多次考察，现已查明从汉到西晋的佛教造像近220处，其中有纪年的30余处，时代集中在汉末至西晋前期。最早的为云南大理下关北郊出土的汉熹平年间（172—178）的7件吹箫胡僧俑，还有在四川乐山麻浩崖墓出现的犍陀罗风格的浮雕佛像（图5-32），最晚的为浙江绍兴凤凰山出土的西晋永嘉七年（313）的佛饰魂瓶。值得指出的是，此时北方的佛教造像遗物几乎是一片空白。而就算有记载的最早的西北敦煌石窟（366）也尚未开凿。这些出土的佛教遗物集中分布在我国云南、四川、湖南、湖北、江西、安徽、江苏、浙江及山东南部，东至日本也有分布。这就大致构成了早期佛教是沿长江流域兴盛起来的图谱。特别是在东吴故地，出土的遗物最多，分布最广泛。佛教虽然首先传入四川，相传四川当时也有了不少寺庙，如在明

图 5-31 魂瓶 南朝

图 5-32 四川乐山麻浩崖墓出土佛像 东汉

帝年间郫县有法定寺、遂宁有安国寺等［明代曹学佺（quán）《蜀中名胜记》］，但到三国时，刘备和北方的曹操都不提倡佛道，而东吴孙权却崇尚佛道。从月支佛经翻译家支谦居士（约194—253）自洛阳来到吴地避乱、受孙权召见并被拜为博士的故事可以看出，为什么佛教能在南方的吴地兴盛。当然，当时还有很多僧人从北方入吴地弘法，如安息僧人安世高就比支谦更早由洛阳到了江南："值灵帝之末，关洛扰乱，乃振锡江南。"（南朝梁慧皎《高僧传》）可以想象，当时的东吴首都建业佛教事业何等繁荣。佛教画家卫协、曹不兴等都在这一时期受到宫廷的重用。

当然，北方在东汉至西晋前期没有出现佛教造像，并不等于北方没有佛教活动。除《资治通鉴》卷四十五胡三省注所记载上述明帝时蔡愔等携经"与沙门摄摩腾、竺法兰东还洛阳"外，还有《出三藏记集》卷七的记载："朱士行……出家学道为沙门，出塞西至于阗国"，取得《放光般若经》梵本九十章，西晋太康三年（282）他遣弟子送经至洛阳。西晋泰始二年（266）敦煌僧竺法护至长安，于青门内白马寺口授《须真天子经》，安文惠、帛元信传言，聂承远等手受（笔录）。太康五年（284）二月，竺法护在敦煌译《修行道地经》；十月，龟（qiū）兹副使羌子侯至敦煌，法护从彼处得《不退转法轮经》，译成汉语，皆沙门法乘笔受。这说明此一时期北方的佛事活动大多处于佛经翻译和传播阶段，虽然也有寺庙的记载，但似乎不兴盛。据《晋书·佛图澄传》记载："佛，外国之神，非诸华所应祠奉。汉代初传其道，惟听西域人得立寺都邑，以奉其神，汉人皆不出家。魏承汉制，亦循前轨。"从这里不难看出为什么北方"汉魏佛法未兴"了。不过，这时的北方已和西域交往十分密切了。但不管怎么说，北方的佛教中心据点还是要归在洛阳。

有的学者认为江南佛法传自洛阳。这主要因为安世高和支谦二人从洛阳来到南方。但从上述材料来看，这种观点似乎还不够全面。笔者认为，佛教传经典入中国应该是由南北两条线路同时进行的，即北方由古"丝绸之路"经西域传入，南方则由缅甸经云南、四川传入。当然，北方应早些。首先是有了汉明帝的提倡，然后南方才有了"快速反应"的迎合。因为"蜀身毒道"（"身毒"为古印度译音）早在张骞出使西域大月氏之前就已开通。张骞在出使大夏（中亚古国）时见有四川产的蜀布、邛（qióng）竹杖〔由四川邛崃（lái）特产罗汉竹制成的手杖〕，方知大夏经身毒国、掸（shàn）国（古国，位于今中缅边境）可直通四川。所以南方能很快形成佛教的南传之路是完全在理的。至于佛教传入之后的南北相互交流则又另当别论了。但不管不同观点如何争论，南方最早出现佛教造像艺术是不可否认的事实，而且这一佛教的重要载体出现在云南、四川及长江一线。这显然是从"蜀身毒道"这条快捷之道进入的。

随着西晋王朝的没落，北方少数民族纷纷称雄割据，形成了十六国的局面。司马氏政权于公元317年南移，在南方建立了东晋王朝，建康成为当时的首都。随着北方大批汉人士族的南移，建康一时成了中国政治、文化的中心，特别是南北文化的聚合形成了一种空前的规模和气候。由于这种特殊的环境气候的造就，中华民族的文化艺术进入到一个升华与觉醒的时代。当然，这种觉醒虽然从汉代末年就开始了，但还没有形成像东晋时期这种南北文化大融合的气候，这种特殊的气候一直延续到整个南朝时期。必须引起我们重视的是，这是一条自先秦以来就没有间断过的汉民族文化传统的大脉络。之所以要在这里重点提出，是因为汉民族深厚的文化底蕴和强烈的审美个性没有因外来文化的影响动摇过，而从来就是以一种同化和影响他人的傲势自居。这就是下文要提到的佛教艺术一进入中国南方就很快中国化了的原因。甚至佛教艺术在一开始就直接以中国化的表现形式出现，不需要什么转变过程。如最早记载笮融制作的佛像是"黄金涂身，衣以锦彩"，让佛像穿上了当时的衣服。中国南方还最早将佛像用在墓葬的魂瓶的装饰上，这一点是南方佛教艺术和北方佛教艺术最重要的区分点。如果用北方佛教艺术那种由外来艺术慢慢转变成汉民族风格形式的方法去研究南方佛教艺术的发展，将会出现很多错乱。

毫无疑问，东晋王朝给中国的文化艺术带来了昌盛和繁荣，特别是把建安时期的文学风气带到了南方，使文学、史学都继续在这里日趋繁荣，并一直延续到南朝诸代。如著名史书《后汉书》的作者范晔和给陈寿《三国志》作注的裴松之等，大诗人陶渊明、谢灵运，著名文学作品《文心雕龙》的作者刘勰（xié），《诗品》的作者钟嵘（róng），《文选》的主编萧统等，都是这一时期的人。这一时期在艺术方面的发展也是相当显著的，代表人物有东晋书法家王羲之，画家顾恺之、戴逵，南朝画家张僧繇（yáo）、陆探微、宗炳、谢赫、萧绎（yì）等。而且这一时期出现了不少关于艺术的论著，如顾恺之的《论画》《魏晋胜流画赞》《画云台山记》，谢赫的《古画品录》，以及宗炳的《画山水序》等，都是影响至今的论著。同样，这一时期也迎来了宗教事业的繁荣和发展，特别是佛教和佛教艺术的兴盛，对当时的北方和后朝影响都是很大的。我们从东晋顾恺之画瓦棺寺维摩诘像的故事，可知当时南方佛教发展的盛况。顾恺之，字长康，约生于345年，江苏无锡人氏。画瓦棺寺维摩诘像时他只有20岁左右。而此时北方被认为最早的敦煌莫高窟尚未开凿。据张彦远《历代名画记》卷五记载："兴宁中瓦棺寺初置，僧众设会，请朝贤鸣刹注疏（写捐款数目）。其时士大夫莫有过十万者。既至长康（顾恺之字），直打刹注百万。长康素贫，众以为大言。后寺众请勾疏，长康曰：'宜备一壁。'遂闭户，往来一月余日。所画维摩诘一躯，工毕，将欲点眸子，乃谓寺僧曰：'第一日观者请施十万，第二日可五万，第三日可任例责施。'及开户，光照一寺，施者填咽，俄而得百万钱。"可见当时有非常多的佛教信众和艺术崇拜者。值得注意的是《历代名画记》卷二的记载："顾生首创维摩诘像，有清羸（léi）示病之容，隐几忘言之状，陆（探微）与张（僧繇）皆效之，终不及矣。"说明顾恺之画维摩诘像并不是依靠外来画稿粉本摹制的，而完全是用中国的人物形象和造型画法，根据自己的审美和艺术风格创造的。这就是影响到后来的陆探微而形成的一种所谓"秀骨清像"和"褒衣博带"的画风。可惜我们无法目睹他们的原作了，但从后人对顾恺之的摹本中可以看到，顾恺之的人物画源于传统的汉魏画风，又在融入当时文人士大夫精神的基础上独创了自己的绘画风格。

把佛教艺术"中国化"似乎是这个时代的特点。这也是佛教思想渗入汉文化思想、审美及对佛教教义更深理解的表现。另一位具有影响的雕塑家戴逵，《历代名画记》卷五对他有如下记载："善铸佛像及雕刻。曾造无量寿木像，高丈六，并菩萨，逵以古制朴拙，至于开敬，不足动心，乃潜坐帷中，密听众论。所听褒贬，辄加详研，积思三年，刻像乃成。"可见他为了创造一种适合中国汉民族审美的新佛像式样何等用心良苦。所以米芾在《画史》中讲"自汉始有佛，至逵始大备"，意即到戴逵才有了符合中国自己审美的佛像。在瓦棺寺中，他塑的佛像与顾恺之画的维摩诘像和狮子国（今斯里兰卡）遣献玉像并称"三绝"。佛教艺术转向中国化是否为他们二人首创，我们似乎无法考证和下定论，因为纵观整个南朝佛教艺术的形成和发展，还有一位具有重大影响的画家不得不提，那就是南朝梁代的张僧繇。他是六朝时期作佛画最多的人。史料记载其所画寺壁有一乘寺、兴国寺、安乐寺、定水寺、瓦棺寺、惠聚寺、高座寺、开善寺、天皇寺、甘露寺等。这里值得一提的是，在张僧繇作过画的众多的寺庙中，唯有一乘寺壁画是采用印度的表现凹凸立体的画法画成的，为了区别于其他，一乘寺在历史上又被称为"凹凸寺"。毫无疑问，张僧繇在其他寺庙的绘画是用中国传统画法画的。这里还要注意的是，六朝首都建康（吴时名"建业"）的佛教寺庙至南朝时已有"四百八十寺"之多，而仅有凹凸寺的壁画是用"天竺遗法"所作的。可见当时佛教造像已完全中国化了。

毫无疑问，从顾恺之、戴逵开始，至南朝陆探微、张僧繇等艺术家，他们都对佛教艺术走向中国化起了极其重要的作用。但他们之间又有怎样的关联和影响？其艺术具体又是什么样的风格式样呢？由于仅存文字记载，我们只能通过这些文字和大量的实物佐证来找到他们每个人独特的艺术造型风格和表现手法。

二、南京栖霞山石窟的开凿及其艺术

据史料记载，南京栖霞山石窟建于栖霞寺建立之后的第二年，为南朝萧齐永明二年（484），完成于梁代天监十年（511），历时28年。栖霞寺的建造及千佛岩石窟的开凿都有比较详细的文字记载：当时一名叫明僧绍的富豪捐资在栖霞山建造栖霞精舍，明僧绍曾想盖完栖霞寺后再在后山开凿千佛岩，但他的愿望未实现他便去世了。于是由他的第二个儿子明仲璋偕同法度于永明二年开始开凿营建千佛岩。最先开凿了朝南的三圣殿大窟。其间继由齐文惠太子、豫章文献王、竟陵文宣王、始安王遥光、梁临川靖惠王萧宏等捐资开窟造像，形成了千佛岩这一胜景。千佛岩现存洞窟255个，石雕535尊，壁画已剥落严重，除现仅存中102窟顶部两身飞天及其他几处残存片段外，其余均只剩下土红底色痕迹的岩石壁面。窟前另有隋代时建（莲花基座以上五层为五代重修）的舍利石塔一座。遗憾的是，窟内所有南朝以来的雕刻，在1924年（民国十三年）被人用水泥重塑覆盖住了。近年来，虽然剥离出来一部分，但由于当时水泥标号太高，无法将其与表层风化的石刻分开，所以剥离困难，反造成原石面层损坏严重，仅能看出大体形态和结构，便停止了剥离工作。从大量石窟内岩壁层残存的土红色可以断定，原壁面的土红底色为当时原作。这也使我们更进一步地肯定了中102窟残破严重的飞天为南朝作品。我们发现了这仅存且剥落严重的飞天（图5-33）。2001年南京师范大学敦煌学研究中心主任黄征教授首先做了考察报告和有关论述。值得惊喜的是，这两身飞天底层的墨线还清晰可见(图5-34,图5-35)。由于处于暗处，需借助灯光才能看见，因此这一点未引起世人注

图 5-33 栖霞山石窟中 102 窟飞天　南梁

图 5-34 栖霞山石窟中 102 窟飞天（局部）

图 5-35 栖霞山石窟中 102 窟飞天（局部）

意。有了造型墨线及外轮廓形体，便能为研究者提供了解南朝壁画的重要资料。另外，在栖霞山石窟三圣殿入口两侧还有两个石佛像，因之前移放在舍利塔旁而未遭水泥覆盖，经多方资料考证及诸多专家的论证，确定为南朝遗物（图 5-36）。而一个被水泥覆盖后剥离出来一尊较为完好佛像（头部残，经过重修）的洞窟（图5-37），以及许多洞窟门口、佛座下面的狮子造型和背光纹样等未

图 5-36 栖霞山石窟佛立像　南梁

被水泥覆盖住的原物，也成为研究佛造像的重要资料。于是我们展开了对南朝佛教石窟艺术的艰苦研究。

东晋至南朝的文化一直是影响着当时北方文化发展的。特别是佛教艺术，北方形成和转化的中国艺术风格，都来源于当时的南方。但是现在要找出相关的证据谈何容易，因为南朝的大量实物都毁于战火。关于东晋顾恺之、陆探微的"秀骨清像"画风，我们在江苏丹阳胡桥吴家村出土的南齐皇帝墓室画像砖上可以领略其风采（图 5-38）。

然而，雕塑家戴逵以及对后代影响至深的张僧繇的绘画又是

图 5-37 栖霞山石窟佛像 南梁

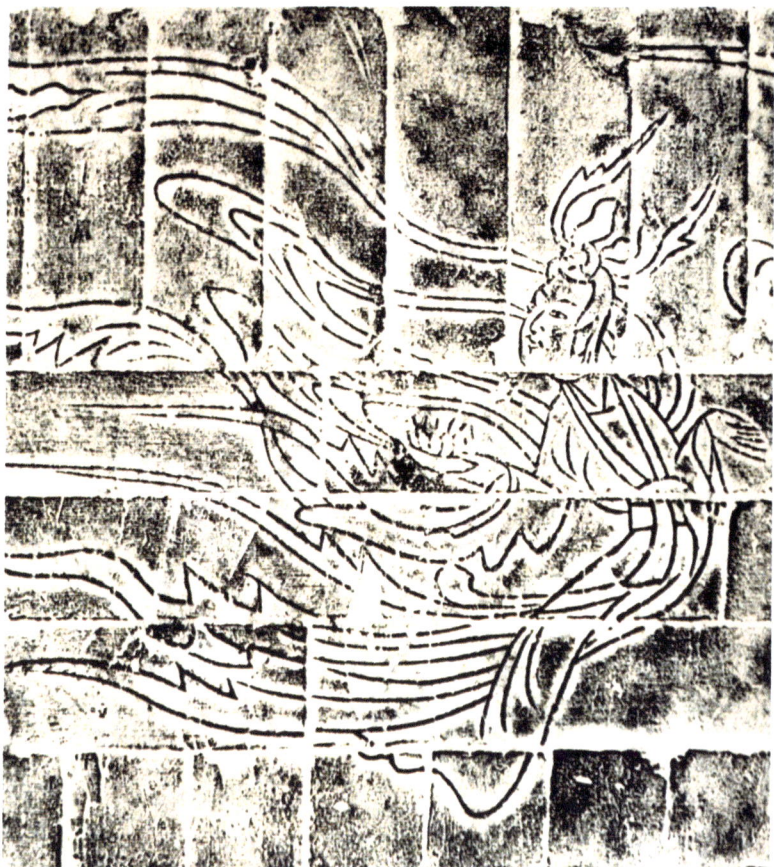

图 5-38　江苏丹阳南齐墓室画像砖——夫人（拓本）

什么样子的呢？

　　对集雕塑和绘画技艺于一身的戴逵而言，他的作品既然能与顾恺之齐名，说明他不仅塑得好，有自己的雕塑风格，而且一定影响了当朝和后代。遗憾的是中国历来对雕塑家和雕塑的详尽记载甚少。我们从《历代名画记》中可以看出，他在雕刻高丈六的无量寿佛木像时，开始用的是"古制朴拙"的印度表现手法。但

"至于开敬，不足动心"，说明东晋已经是一个革新觉醒的大时代。为了吻合新时代的审美意识，创造出中国观众喜爱的作品，于是他"潜坐帷中，密听众论"，然后将观众的意见加以考虑，并重新研究了二年，终于创造了大家喜爱的佛造像。这说明戴逵此时的佛造像已不同于印度式样了。另外在《世说新语·巧艺篇》中，庾道季对他的作品也有不同看法，认为"神明太俗，由卿世情未尽"，戴不予理会。这也说明戴逵的作品已是迎合中国民情的新式样造像了。我们再看《历代名画记》卷五对他的评论："后晋明帝、卫协，皆善画像，未尽其妙。洎（jì，意为'至'）戴氏父子，皆善丹青，又崇释氏，范金赋采，动有楷模。"从戴逵在当时就有那么高的声誉即可看出，他的造像风格必定影响当朝当地以及中国北方的佛教造像风潮，那么今天我们一定能找到戴氏的造像风格。我们知道，印度佛像造型只有马图拉式和犍陀罗式两种风格（见前图 1-2、图 3-23）。但传入中国的大都是印度笈多王朝时期的马图拉造像风格，其表现线法有阳刻和阴刻两种，如莫高窟第 254 窟佛塑像（见前图 1-1）和云冈石窟第 20 窟大佛造型线法（当然，更早时也出现过少数犍陀罗式样的造像）。

但是在佛教传入中国之后，出现了一种新的表现衣纹的造型——"阶梯式"衣纹式样，这在东晋以后出现的造像中才有。在这之前，中国传统的雕塑中是没有这种式样的。如在莫高窟西魏时期南朝"秀骨清像"画风传入的同时，也出现了这种造型手法的塑像。云冈石窟的作品中也出现了这种式样的造像，显然传自南方，因为早在北魏明元帝时便有"又崇佛法，京邑四方，建立图像"的历史（《魏书·释老志》）。越往后越多，而且"出现了一种清秀雍容、意匠丰富、雕饰奇丽的新风格"。说明云冈石窟的造像受南方的影响无疑。

令我们惊奇的是,这种"阶梯式"衣纹表现法正与顾恺之《列女仁智图》中人物衣纹晕染线条"半边"的手法一样（图 5-39）;当然,顾恺之这种染法在笔者曾于大英博物馆临摹过的《女史箴图》中也出现过,不过后者是用红朱砂色染出的半边衣纹的高低效果（见前图 2-6）。戴逵也擅绘画,他正觑到绘画与雕塑同源的天机,将顾恺之的绘画风格融合在雕塑之中,而且不乏"秀骨清像"的时代风貌。值得注意的是,栖霞山石窟中所能见到的剥离的南朝雕像的衣纹表现手法也都是这种"阶梯式"的（见前图 5-37）,特别是从两尊幸存的佛雕像上更能清楚地看到这一点（见前图 5-36）。在这里我们看到有两点不同于印度造像:一、衣服遮住了形体,即如日常中所见的那种遮露的自然状态。而印度马图拉式样的造像则形体突出在衣服之外,衣服犹如紧贴和捆绑在身上一样,且衣纹仅用一种同样粗细的装饰线来表示。二、衣纹按衣服自然叠折起伏的块面整理成有自然规律的高低块面,形成"阶梯式"的层次渐变。必须注意的是,这些阶梯的高低、大小是根据形体变化而出现不同变化的。这两点的"俗变"无疑不同于印度的"古制"法,但符合了当时中国民众的审美。我们会毫无疑问地看到,这种流行于东晋至南北朝和隋代的"阶梯式造像风格"就是我们梦寐以"寻"的戴逵造像风格——"戴家样"。尽管没有确切的文字记载指明他的造像式样,但大量作品完全可以证明这是当时艺术流行的导向。我想起与前辈蒋赞初先生的一次谈话,他认为在确凿的实物证据面前是不需要佐证的。我们已经有了如

图 5-39 顾恺之《列女仁智图》局 图 5-40 南京萧景墓辟邪　南梁
部（唐摹本）

此之多的物证。上述两点戴逵的"俗变"的特征也与庾道季批评
的所谓"神明太俗"的记载相吻合。这为我们今天的研究提供了
反面的论证。最令我们今天赞叹的是，南京一带现存的众多的南
朝镇墓兽——辟邪，正是沿用了这种"阶梯式"的线法来雕刻的。
它们的高大和雄伟让我们看到了支撑起那个时代汉民族审美的伟
大展示（图 5-40）。

　　另一位值得我们费心研究的就是南朝画家张僧繇。伟大的艺
术总是在互相影响和总结前人风格的基础上标新立异的，当然，
还要其所在的时代赋予其伟大，南朝张僧繇就是这样一位画家。
张僧繇生卒年不详，因他受到梁武帝的器重，所以可确定为南朝
梁代人。但从他的儿子参加过栖霞寺壁画的绘制来看，他应是南
齐永明以前的人。上面已述，他是六朝时期作佛画最多的一位画
家且技艺精湛，当时民间还流传着不少关于他绘画的神话般的传

说。但他最大的艺术成就是创造了与顾恺之、陆探微的"清羸"和"秀骨清像"的风格完全不同的新艺术式样，即突破了从顾恺之、陆探微以来形成的"笔迹周密"的"密体"画法（今人称"工笔"画法），形成独具一格的"疏体"画法。他的画"笔才一二，像已应焉"，"笔不周而意周"（即笔法多变的"写意"画法，《历代名画记》卷二）；所画"天女宫女，面短而艳，顾乃深靓，为天人相"（米芾《画史·六朝画》）。他的这种被誉为"张家样"的造型风格一直影响到隋唐画风的形成。唐代李嗣（sì）真云，"顾、陆已往，郁为冠冕，盛称后叶，独有僧繇。今之学者，望其尘躅（zhú），如周、孔焉"（《历代名画记》卷七）。唐代画家阎立本、吴道子、周昉等都是学习张僧繇而名显一时的。只是吴道子、周昉在"张家样"的基础上又发展成了"吴家样""周家样"而已。可见唐代艺术中的"浓丽丰肥"的造型并不是起于唐代，而是起于南梁张僧繇。尽管史料中有这么多的记载以及张僧繇有那么广泛久远的影，我们今天仍为无法目睹到他的原作而遗憾。当然，如果他有这么伟大的成就和影响，必然会在他的当朝和后代留下传承其艺术风格的作品。我们也只能在只言片语的记载中，用"按文索图"的方法去寻找他的艺术风采。

南京栖霞山石窟为南朝齐梁时期所建造，这也是张僧繇所经历的时代。由于他受到梁武帝的器重，其造型和画风必定影响到栖霞山石窟的造像。经过反复多次考证，在已剥离出来的南朝石窟中，从残存的模糊的形体结构和可见的衣纹塑造中，我们大体发现了两种风格式样：一种为比较瘦扁的顾、陆"秀骨清像"式样，一种为肥胖腴腹而头部方圆的造像式样（见前图5-36）。不过，两种式样的衣纹造型都为"阶梯式"。由此可见，栖霞石窟造像此时已完全中国化了。许多窟门口及佛座下方的石狮子与南朝独具的辟邪造型也可证明这一点（图5-41）。不难看出，后者的造像式样中"面短而艳"的形象应为受"张家样"影响的雕刻。我们从现在幸存的南朝两个佛石雕像可以看出"张家样"的风貌。其面部方圆丰满，全身约为六个半头高。按正常成年人的形体比例全身应为七个至七个半头高。可见"张家样"的"面短而艳"的"面短"指的是未成年少男少女的特征。在人物造型中是以头的高度

图 5-41 栖霞山石窟前两侧残存石狮像　南梁

作为全身的比例尺的。而面部又是以"三庭五眼"来定五官位置的。成年人眼睛的高度正好在头高的二分之一处，未成年人或小孩的眼睛则在头高二分之一处以下，因而未成年人或小孩"面短"。由于"面短"全身比例也相应会"短"。我们还发现，六个头至六个半头高的人物均为14—16岁的小孩，张僧繇取少男少女为佛与菩萨的造型，是取其天真纯洁、无欲无邪、情窦初开、秀气逼人的美，当然，前面述过，这种孩童的佛造像受中国道教思想的影响，所以他的画能艳丽无比，"顾乃深靓，为天人相"。另一个值得注意的是，人物动态更多地注意前后的弯曲变化，所以多为直立腆肚的恭敬文静的造型。没有顾恺之笔下人物那种左右顾盼的动态，更没有印度式的左右扭曲"三道弯"的媚态造型。这都是为了更好地表现那种未成年人的形象。我们从栖霞山残存的模糊的石雕像中，仍能看到一种纯洁的童贞形态（图5-42）。张僧繇是一个画家，他的造型直接影响到了雕塑创作，可见其风格影响之大，同时这种影响也使我们更进一步认识到中国塑与画同源的关系。令我们更感兴趣的是，栖霞山石窟中102窟壁画飞天的发现，使我们对张僧繇的绘画写意笔法（见前图5-35）有了更正确的领悟。栖霞山石窟中102窟飞天之所以能幸存下来，与其在绘画过程中两个重要的步骤有关。其一，在开凿完洞窟后，没有过细地打磨壁面，随即用墨线起稿勾线，后用土红色刷底色，与其他壁画不同的是，刷土红底色时避让开了已勾好的形体，即形体处留出岩石本色（通常刷底色盖住形体，或通刷壁面后再在上面起稿勾线）。由于绘画色彩的胶水过重产生霉变而脱离光，现只剩下轮廓。其二，起稿所用的墨线为淡墨线，如用浓墨线也会

图5-42 栖霞山石窟佛像 南梁

因胶重而剥落。以上都是制作壁画应注意的问题。尽管这两身飞天身上的色彩剥落光了，但我们仍能看出它的造型特点：一、面部方圆饱满，头偏大，手肥而略短，这都是张僧繇的少女造型特征。二、头部系带并从两边飘下，头饰高大。在南朝梁代出土的造像中都有这些式样。三、飞天下方的花饰纹样与南齐萧宝融墓室出土的画像砖上的"天人"纹样相同。四、从飞天飘带中所见勾勒得非常轻松流畅，并且有着丰富情感变化的线条，可见其造型的娴熟，这与"张家样"的造型用笔"笔不周而意周"的疏体笔法相符（图 5-43）。刚开始笔者怀疑其出自唐代初期的笔法，以为只有唐代才有如此成熟飘逸、变化丰富的线条，但与整体风格及时间又不相符。当然，这是由于笔者犯了用敦煌唐代线法来类比的错误。当我们重新去看东晋王羲之的书法，以及敦煌出土的南朝陈太建八年（576）《佛说生经》的写经书法（图 5-44）时，都会惊讶不已。而自古中国书画同源，绘画与书法亲密无间。况且张僧繇"点曳斫拂，依卫夫人《笔阵图》，一点一画，别是一

图 5-43 栖霞山石窟中 102 窟飞天（局部） 南梁

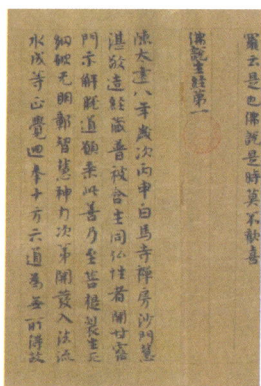

图 5-44 敦煌藏经洞手抄经文 南陈

巧，钩戟利剑森森然，又知书画用笔同矣"（《历代名画记》卷二）。据《贞观公私画史》记载："江宁（南京）栖霞寺，江都（扬州）静乐寺、惠日寺皆有张善果画。"张善果即张僧繇的儿子，受到父教，李嗣真云："犹是名家之驹，标置点拂，殊多佳致，时有合作，乱真于父。"（《历代名画记》卷七）可见栖霞山石窟直接受到"张家样"风格的影响。因此，这么娴熟精湛的线条出于南朝就不奇怪了。我们从四川茂县出土的南齐永明造像碑及成都万佛寺出土的南梁时期的释迦立像中可以看出，张僧繇的"面短而艳"的造型特征以及戴逵"阶梯式"的造像手法传遍了整个南方地区（图5-45），而且此时还影响到北方其他佛教石窟；不仅如此，甚至在时间上影响到隋代、唐代初期，在地域上影响到日本国。

图5-45 释迦立像　四川成都石佛寺出土　南梁

当然，到唐代"阶梯式"线造型风格突然转向将阶梯面变成"立体"的线，使"线"立于形体之上，这一突破和飞跃，不仅使中国汉民族情感丰富的线法得到最极致的发挥和表现，而且使这一线法进入独立表现的空间。更为重要的是，线的表现完成了对"形"和"体积"的统领，即"形"服从于"线"的表现。这使中国造像艺术在唐代进入巅峰时期。当然，唐代艺术线造型的飞跃并不是偶然的，其造型特点及情感丰富的线法在南朝后期至隋代末年就已萌芽与形成。如从上面已述的栖霞山三圣殿门口未被水泥覆盖的立佛像，可以发现这些原本"阶梯式"的面在慢慢变得有点"立体"起来了。所以，任何一种艺术或一种大的文化气候的形成，都必须经过三个阶段：萌芽与形成期、发展演变期、成熟顶峰期。唐代艺术正是经历了魏晋南北朝时期对中国文化南北碰撞融合的觉醒阶段，在南朝末期基本形成并完善，再经隋代的过渡和发展而在唐代进入高峰期的。当然，唐代整个社会诸方面的极盛，都离不开上述的阶段和影响。如果说唐代社会的辉煌是一座宝塔，那么这塔的基础和塔身的部分都是魏晋南北朝至隋建造的，唐代则完成塔尖最显赫、最耀眼的封顶装饰工程。所以，史学家们称魏晋南北朝为中国文化的觉醒后的发展期（潘运告《汉魏六朝书画论》）。但更确切地说，南朝至隋代是觉醒后的发展期。我们如果搞清楚了以上这种关系，正确了解、研究中国其他佛教石窟艺术的发展就不难了。

三、敦煌石窟的形成与背景

　　东晋以后，佛教和佛教艺术在北方才真正兴盛起来，但似乎出现了一种现象，即首先在北方边远的小国家兴起，而且都在中国西北部能通西域的地方。一时，位于河西走廊的凉州成为北方十六国时期的佛教中心，这显然是由于中原连年受到各种战争的影响，而凉州等地相对稳定。敦煌莫高窟就是在这一时期开凿的。据莫高窟《李君莫高窟修佛龛碑》(简称《李君碑》)记载："莫高窟者，厥前秦建元二年（366），有沙门乐僔，戒行清虚，执心恬静，尝杖锡林野，行至此山，忽见金光，状有千佛……造窟一龛。次有法良禅师，从东届此，又与僔师窟侧，更即营建。伽蓝之起，滥觞（shāng）于二僧。"当然，这篇碑记是在唐朝武周圣历元年（698）重修莫高窟时追记的。我们无法知道乐僔是何方人氏，从何方而来，只能推测他可能是汉人云游僧。而法良则有"从东届此"的记载，说明他是从东边内地来的僧人。从乐僔第一个窟到法良第二个窟之间的开凿时间间隔有多远？1年？10年？30年？都不得而知。据敦煌研究院文献所马德先生考证，公元400年，西行求法的我国著名高僧法显，途中在敦煌夏安居一个多月。法显每到一处，必参拜所有佛教活动场所（包括遗迹、遗址），并详细记载于他的《佛国记》中。可是他只字未提敦煌地区的佛教活动和莫高窟的情况。此时据《李君碑》记载的乐僔开窟已过去34年了。可见当时敦煌地区佛教并不兴盛，至少还没有出现什么寺庙和佛教的活动。所以马德先生认为莫高窟在公元400年之前所谓乐僔窟只是供坐禅修行之用的禅洞，并无壁画塑像存在。可以推测，当时当地百姓中还不盛行佛教，这位乐僔又不是本地人，是得不到很多钱来开凿比较像样的佛窟的，也不可能请画家和雕塑家来制作壁画和塑像。即使法良到莫高窟时，也只能开个禅洞与乐僔同行修禅而已。

据成书于唐总章元年（668）的《法苑珠林》中追记，十六国时的北凉河西王沮（jū）渠蒙逊敬佛事迹中有一条关于莫高窟的记载："今沙州东南三十里三危山（即流四凶之地），崖高二里，佛像二百八十龛，光相呕发。"透过这一记载可了解到莫高窟在北凉时期曾受到最高统治者沮渠蒙逊的重视，并被记在他敬佛的功劳簿上。《法苑珠林》比《李君碑》成书早30年，马德先生认为，上书记载的莫高窟的面貌，并非北凉时期的状况，而是其成书时即668年前后的状况。沮渠蒙逊的敬佛"功德"很多，这只是其中一条而已。可以得知，此时莫高窟已有佛教造像了。但从法显到敦煌时的情况来看，最早在公元400年之后的北凉时期才出现莫高窟造像，而且规模可能很小。从目前考证来看，北凉仅为三个窟，其他找不到更多的痕迹。当然，当时能第一个造像的"始作俑者"，显然是很受瞩目的。即便是只开一个窟，也足以使全敦煌人人皆知，并会拥往朝拜。所以沮渠蒙逊正好得到了办小事得"敬佛"大名的荣誉。这里面还有一种可能，即将乐僔和法良的禅窟改造成有造像的佛窟,因为二位僧人毕竟是莫高窟的"主人"，即使沮渠蒙逊派人开的佛窟也得由这二位僧人管理，二位僧人也因成为创始人而名扬后代。当然，由于上述原因，也有学者认为莫高窟艺术应始于北魏时期。

四、敦煌莫高窟早期艺术及其演变

由于十六国时期西北地区与西域的交往日益加深，佛教的传播也频繁经由这条"丝绸之路"进行。如公元386年，西域高僧鸠摩罗什到凉州传法；404 年，智猛招结沙门十五人，从长安出阳关，渡流沙，往天竺；413 年，天竺僧昙无谶（chèn）离鄯善至敦煌（《高僧传》卷二）；422 年，罽（jì）宾僧昙摩密多从龟兹至敦煌，建立精舍，植榛千株，开园百亩，房阁池林极为严净。当然，十六国时期前凉、西凉、北凉与南方东晋和南朝交往也很密切。如前凉建兴四十七年（359），敦煌沙门单道开至建业（《高僧传》卷九）。西凉建初三年（407），西凉遣沙门法泉向东晋奉表。敦煌人刘昞（bǐng）被征为儒林祭酒，著有《敦煌实录》《人物志》等书。北凉永和五年（437）沮渠牧犍遣使诣宋献《十三州志》《敦煌实录》等河西著述一百五十四卷；又求晋、赵《起居注》诸杂书数十件，宋文帝刘义隆赐之。初，牧犍尊刘昞为国师。当然，这些记载都没有 1900 年敦煌藏经洞出土的南朝梁代天监年间和南陈太建八年（576）的手写经卷，更能说明当时两地交往甚密（见前图 5-44）。

当然，莫高窟早期北凉洞窟的造像，首先还是根据西域艺术风格和形式来制作的。因为对敦煌来说，西域还算是"近水楼台"，而且沙漠少木材，无力模仿南方盖寺庙，只能模仿西域开石窟造佛像。所以莫高窟初期洞窟不管是人物形象还是装饰图案都有浓郁的西域风格。如被定为北凉石窟的第 275 号窟的壁画（见前图 1-4）。当然，在这些具有浓重西域风格的画面中，我们仍然看到中国画家已经掺入了中国传统的绘画笔法，如人物身上变成黑色（原为肉红色）的粗大晕染线用笔，就完全是中国毛笔特有的书法韵律和绘画笔法，而且这种形体的晕染法也不同于西域和印度的，已经成为中国式的晕染法了。另外，我们还发现勾勒手的细线有"一波三折"的中国绘画情感笔法呢。应该说汉文化已经融入佛教艺术之中了。不过，雕塑的制作则基本上模仿西域，继承了印度马图拉式的手法。莫高窟艺术到了北魏时期，仍然承袭北凉时期的西域风格，但似乎没有像北凉石窟那种"应急"的感觉，显得沉着、庄重，而且这一时期似乎又直接受到印度笈多朝艺术的影响，如莫高窟北魏第 254 窟的彩塑和绘画（见前图 1-1）。洞窟也多采用印度支提式窟形，这一点说明北魏时期重视佛教的正宗源流。从上述不少僧人直接去印度求法可以看出，正统的印度艺术必定也会同时被他们带进来，这不仅在敦煌莫高窟可以看出，而且在云冈石窟造像中也很明显，如后者的许多雕塑带有印度笈多朝时的马图拉造像风格。

北魏孝文帝太和改制，提倡全面学习汉文化，特别是太和十八年（494）革衣服之制，不仅带来了全盘汉化的衣冠，而且吸收了汉族士大夫阶层的审美思想。当然，学习汉文化，首先是向南朝学习。此时的南朝也已成为中国汉民族的文化、政治中心。由于敦煌地处边远地区，在艺术上一时还找不到什么向汉文化艺术学习的榜样，只得在前朝的汉晋文化中寻找表现语言，如到西魏的第 249 窟，敦煌石窟才开始大胆地出现汉代和魏晋画像砖上常见的造型和笔法；而且在佛教洞窟中出现了中国神话和道教的题材内容。然而，东晋和南朝盛行一时的"秀骨清像"画风到莫高窟西魏第 285 窟才正式出现。据该窟题记，第 285 窟为西魏大统四年（538）建造，毫无疑问这些造型风格和形象都来源于南朝。特别是第 285 窟的飞天造型（见前图 1-47），与江苏丹阳胡桥吴家村墓室画像砖上的"天人"造型完全出自一种风格（见前图 5-38）；据南京博物院专家考证，此为南齐最后一个皇帝萧宝融（逝于 502 年）的墓。我们在这里发现了一个问题，即自孝文帝太和改制到莫高窟第 285 窟建造的西魏大统四年，相距 44 年左右。也就是说，南齐"秀骨清像"的艺术风格传至西北的敦煌用了 40 余年时间。而北魏太和十七年（493）左右，龙门石窟的造像就已经具有南朝的造型风格了。不存在时间差。

当然，莫高窟西魏时期的洞窟不仅出现了部分"阶梯式"的衣纹塑造手法，而且出现了孩童形象的彩塑。这说明此时的莫高窟艺术全面地吸收了南朝文化。从敦煌藏经洞出土的不少南朝的手写经卷也可证明这一点。段文杰先生也认为：所谓中原风格，是指始于顾恺之、戴逵，成于陆探微的"秀骨清像"一派的南朝风格，它是以魏晋南朝士大夫的生活、思想和审美理想为基础的。

不过，这种来自南朝的"秀骨清像"的式样在莫高窟很快就过去了。到了北周时期，莫高窟则普遍采用了南梁张僧繇的"张家样"的造像风格，以及戴逵的"阶梯式"衣纹塑造法。而且这种"阶梯"越来越"高"起来，如莫高窟第 290 窟（见前图 3-25）等窟彩塑。值得注意的是，从这时开始出现的张僧繇式的"面短而艳"的未成年少男少女的形象，年龄似乎很小，而且满脸稚嫩，各种手势、动态都犹如七八岁的小孩。从西魏洞窟壁画中开始有结合中国道教题材的画面来看，这种取材儿童的造像也是受道教思想影响的。北周时期的绘画应该说是典型的张氏的"疏体"画法。如莫高窟第 290、296、428 等窟壁画，线条讲究起止，用笔轻松流畅，情感丰富激越（如前图 4-8）。这里不仅"笔不周而意周"的写意笔法很多，而且还将许多线条用白粉色减弱或删除，使画面更加疏松辽阔。当然，张僧繇这种所谓"疏体"画法仍源于汉魏民间画像砖的笔法。我们从十六国时期的墓室壁画中也可看到类似的线法，但它们都没有上升和形成一种大的体系。张僧繇在前朝顾、陆的过于严谨的"密体"中，吸收了汉魏民间绘画及书法的笔法，对"密体"进行了突破。他的这一改革在南朝掀起了一个大潮流，并经由佛教造像传遍全中国。因而敦煌北周时期才敢如此大胆而自信地将其表现在佛教艺术的壁画中。所以，莫高窟的北周"疏体"画风，仍要归功于南朝"张家样"的影响。不过，北周绘画的人物比例不同于此期的彩塑，很大一部分壁画人物仍是按成年人的比例来画的。也许这与此一时期壁画大都表现佛本生故事、因缘故事和佛传故事有关，因为故事画人物出现繁多，大人小孩都有，且要有真实感。这也说明这一时期的画家是懂得人物造型比例的，有的专家认为此一时期的画家不懂人体比例，这种观点是错误的。而到隋代佛与菩萨像的画与塑都统一在 14—16 岁少男少女的比例造型中，即六个至六个半头高的比例，且仍保持"面短而艳"风格。但是，在隋代的佛经故事画中出现的人物比例往往又是按现实正常规律来画了，成年人为成年人比例，小孩为小孩比例，这是因为故事画是表现现实生活场面的。

所谓莫高窟隋代艺术，和全国其他隋代艺术一样，其实都是南朝艺术的继续和延伸，而且一直延伸到唐代。我们从这尊流失在美国波士顿博物馆的隋代石刻观音像完全可以看出（图 5-46）。这种少女的比例、自然腆腹的姿态，都没有走出南朝"张家样"和戴逵"阶梯式"衣纹塑造的影响，特别是莲花座下的两只石狮子与南朝镇墓兽辟邪的造型风格一样。这里与前朝艺术所不同的是造型更加精湛而优美，服饰更加华丽别致（图 5-47）。而莫高

图 5-46 观音雕像 隋代

窟隋代艺术与北周艺术相比也同上述一样，只是变得更加华丽而已。不过，莫高窟隋代雕塑造像比北周时期长"大"了，不再是幼稚的儿童，真正与南朝"张家样"的少男少女的形象吻合了，如莫高窟第244等窟造像（见前图3-26）。不过，这一时期的主尊塑像造型比例趋向成年人了。绘画仍同张家式样，但线法更趋于成熟严谨，如莫高窟第276窟壁画（见前图1-12），以及第312等窟飞天造型。严格地讲，此时所表现的才是真正的南朝"张家样"的造型风范。这都是由于对一种风格从认识、理解、尝试、运用到发展所产生的时间差。即使我们今天有如此现代化的传播途径，将中国油画与西方油画相比，其发展也竟相差近百年（近20年稍快些，只因有了前面的基础）。

我们从上述看出，隋代的"阶梯式"衣纹塑造开始有一部分转变为微微凸起的线条，这是唐代雕塑线法塑造的飞跃前奏。由此也能发现，唐代线法是在戴逵"阶梯式"衣纹塑造的基础上演变而来的。唐代艺术家的伟大在于悟见并将表现形体的线条跳转到与中国书法和绘

图 5-47 观音雕像（局部）隋代

画相同的线法表现上来。这种凸起的线条的出现，引起了很多权威学者的误解，认为敦煌唐代雕塑的"立体"线法受到犍陀罗造像的影响，殊不知犍陀罗雕刻的衣纹线乃是依照希腊式雕塑的体积块面塑造形成衣纹之后，再加以修饰而成的一种带装饰性的衣纹线条；即在塑完希腊式雕塑后，把衣纹整理修饰成具有装饰性美的线条，这是为了迎合喜欢装饰艺术审美的印度民族的要求。看到几根相似的线就下定论，这是一种轻率的表现。东西方艺术的局部表现手法经常有相似之处。比如希腊瓶画也偶然出现一些如中国毛笔勾出的线条；达·芬奇、拉斐尔也用线；埃及、波斯、印度也用线。这些线的作用和表现的情感都是不一样的，关键要看每一件作品在制作一开始时是站在什么样的审美立场上入手的，即"先入为主"的意识形态，是以"形体"表现的体积块面为先呢，还是以"神意"表现的线为先呢？当然，这对没有做过雕塑和画过画的人，是无法用言语说清楚的"心法"。这就是使很多学者误认为唐代雕塑线法来自犍陀罗的根源。特别是一些所谓国内外"权威专家"误导了不少人。因为只看到表面上的线条，而未看见线下面的体积结构。还有一种可笑的说法，认为这是希腊艺术在东方的胜利，我认为艺术只有借鉴和吸收。我想当年亚历山大东征并不希望看到这种被印度同化了的艺术，这种同化一定会让他感到一种反被征服的耻辱。所以，犍陀罗艺术出现了一段很短的历史，印度和中国人都不喜欢，西方人也不喜欢，只好自行消亡。只能说这是一次尝试性的比较生硬的中西结合。不过我们还是很佩服印度民族和中国汉民族祖先对自己民族审美有着强大、不可战胜的自信心。当然，西方画家郎世宁在清朝也试图用西方的视觉审美画中国画，结果怎样，大家是知道的。这一点需要引起大家的警觉。但作为一名艺术家，一定既要兼容并蓄，又要保持自己优秀的审美表现特质，还要不露痕迹地吸收别人的优点和长处。怎样兼容？怎样吸收？吸收多少？这就要考验每个人对古今中外艺术的了解了。最好深入一点了解，如此才能通达艺术灵魂的全部。当然，敦煌10个朝代历时1000余年的艺术为我们今天的所有人展示和提供了如何借鉴、吸收、演变的全部知识。

唐代起始于公元618年，但莫高窟出现明显的唐代风格是在第220窟等一批洞窟，如第322、57窟等。但从第220窟"贞观十有六年"（642）建造的题记判断，唐王朝建立25年后这种风格才传播到敦煌。如果不排除这个时间差，按莫高窟敦煌研究院的断代方法，在这种风格出现之前的洞窟都会被划为隋代石窟。这也就是莫高窟隋代洞窟会莫名其妙多出很多的原因。我们从龙门石窟唐代初期洞窟中看到，其仍然还是南朝和隋代的造型手法。甚至奉先寺的龙门大佛两边的菩萨、弟子及天王的造像还带有浓厚的南朝风范。

唐代艺术与前朝艺术最基本的区别之一，就是形象的比例成人化（但这成人化特征在隋代也偶有出现）。衣纹的造型线法已经"立"了起来，这在莫高窟彩塑中是很明显的；面部五官不再"短"了，但仍保持了那种女性的"艳美"，并仍让人感到有"天人相"，这种线法和艳美的出现无疑受到了张僧繇的影响。当然，这是一种成年女性成熟的艳美。所以这时的菩萨造像也开始追求一种妖冶扭曲的美。特别是佛的造型，在脸部仍结合成年女性的"艳美"

的特征，而肩宽两个头和脸部胡子又是男性的造型特征，走向了一种男女共性的理想美造型，上面已述，唐代艺术进入"相与不相之间"的"相非相"境界，圆满地完成了对佛教的最高精神境界的表现。正如《金刚经》中所说："凡所有相，皆是虚妄，若见诸相非相，即见如来。"而艺术也正是在表现"似与不似之间"之相，这就是区别于西方艺术的东方造"神"的艺术审美高度（见前图3-18）。

当然，莫高窟唐代绘画的线条更加严谨，更加富于书写情感的表现，都是受到张僧繇影响之故。在莫高窟第220窟的帝王图和第130窟的都督夫人的壁画中，都可看到与唐代画家阎立本和周昉画作类似的艺术风采。唐代改变了造型线条的色彩和浓度，迫使色彩的表现出现了飞跃，色彩变得富丽堂皇，进而使"线"和"色"同时达到一种表现的极顶高峰，创造出了唐代艺术的空前伟大和辉煌。

五、南方文化对日本法隆寺壁画的影响

据阮荣春先生考证，公元3世纪佛教便由中国南方传入日本民间。但在正式官方记载中，公元538年百济的圣明王将一尊佛像及一些经典献给钦明天皇被认为是佛教传入日本之始。其实百济的佛教来自中国南方的东晋。百济枕流王"元年九月，胡僧摩罗难陀自晋至，王迎之致宫礼敬焉，佛法始于此"。但最重要和对日本佛教造像影响最大的是在南朝梁代到达日本的佛像雕塑家和铸造家司马达止。据《扶桑纪略》卷三及《元亨释书》卷十七记载，"第二十七代继体大皇即位十六年（522）壬寅，大唐汉人（梁）案部

村主司马达止，此年春二月入朝，即给草堂于大和国高市郡坂田原安置本尊，归依礼拜。举世皆云，是大唐神之"。可见他在当时的影响。现在虽然无法知道司马达止当时所造的佛像形貌如何，但我们从两次大火遗存下来的法隆寺金堂的佛像，尤其是司马达止孙子鞍作止利在 623 年（日本飞鸟时代，中国唐代时期）为圣德太子追福而铸造的释迦三尊塑像（图 5-48、图 5-49）不难看出，其造型手法和形象还都是典型的南朝风格，而且是东晋至梁代这段时期的，因为造像中还带着顾、陆"秀骨清像"的南朝士大夫的风貌。造像的塑造技法也是戴逵"阶梯式"衣纹的风格。我们也不难想象当年司马达止带到日本的佛像及其家传的样本都是东晋至南梁时期的造像风格。从现在栖霞山石窟的三圣殿中间佛像下方未被水泥覆盖的佛衣纹造型中，还能找到许多与法隆寺释迦

图 5-48 法隆寺佛像

图 5-49 法隆寺佛像

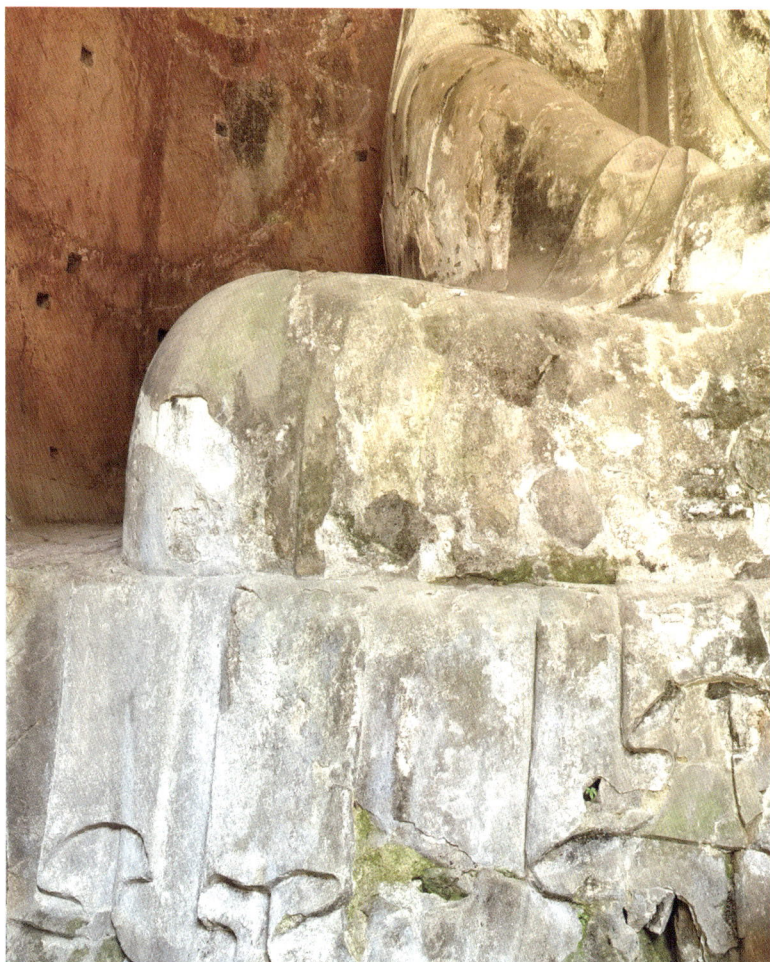

图 5-50　栖霞山石窟三圣殿佛像（局部）　南梁

　　三尊塑像相同的表现手法和形式（图 5-50）。这种在日本佛教雕刻史上有巨大影响的"止利式"风格的造像就是南朝的造像式样。

　　日本法隆寺创建于公元 607 年圣德太子辅佐推古天皇（女王）时期。圣德太子渴望引进中国文化，早在公元 600 年就派遣使者到长安，隋文帝接见了日本来使。从此，日本与中国隋朝的关系日益密切。后来，日本又三次派使者来到中国，还派了留学生来长安学习。从此，中国的文字、中国的衣冠文物开始大量传入日本。608年，隋炀帝派裴世清出使日本，日本举行了盛大的欢迎仪式，推古天皇亲自接见。这期间，使团带去了10多名学问僧。这些僧人必然是佛教各方面的人才，这里面肯定要有塑造佛像的高手，才能算是一个完整的团体。况且日本此时正值建造法隆寺之时，有目的地培养人才和要求隋代给予各方面急需人才的支持，也是合乎常理的事。隋代对日本的影响是巨大的。日本称645至710年这段时期为白凤时代，白凤文化就是全面受到中国文化影响形成的一种新文化。这里面更不会少了中国绘画和造像对日本的影响。值得一提的是，从法隆寺始建的607年至隋朝灭亡、唐朝建立的618年长达11年，这10多名隋代学问僧一直滞留日本，到唐代才回到中国。其中最早的回国时间为推古十三年（623），也就是说隋朝灭、唐朝建立的第5年才回到中国，也正好是鞍作止利完成法隆寺释迦三尊塑像的这一年。粗算一下，法隆寺建了至少16年。这些隋代学问僧在日本至少待了15年，其中有10年为隋代时期，5年为唐代时期。如果这10多名学问僧与法隆寺有很大关系的话（当然早年来中国的日本遣隋使再回到日本之后，也可能参与到法隆寺的建造中来），试想一下，在隋代学习10年造型艺术的遣隋使，以及中国使团带去的能用10年时间参与指导法隆寺建造的学问僧，这是一支很强大的艺术团队了。要知道，日本在630年才首次向唐朝派出遣唐使。遗憾的是，法隆寺建后60余年（约670年）被一场大火全部烧光，在7世纪重建。不幸的是，法隆寺在20世纪的1949年1月26日又遭一场大火烧毁，仅存留一些火后余生的壁画和铜像。按时间推算，这些现在残留的壁画和雕塑应是中国唐代时期（约 670 年之后）艺术风格的作品。但从大火后留存下来的实物的图片来看，除了人物造型是唐代的成年人比例外，其构图、线条、色彩、晕染等都还是隋代的表现手法，当然，偶尔几处局部也出现有唐代线法。而在敦煌莫高窟贞观十六年(642)建造的唐代第 220 窟中，就已经出现大型经变画了。特别是现存法隆寺(约 670 年之后重建)的线法还是隋代细线描法，晕染法也是隋以前的"阶梯式"方法（图 5-51、图 5-52）。

2003 年，我应英国伦敦大学邀请，以访问学者的身份在大英博物馆进行敦煌藏经洞绢画研究。在此期间，在韦陀教授的带领下，我详细研究了收藏在伦敦大学亚非学院（SOAS）图书馆的一套完整的法隆寺在 1949 年 1 月被大火烧毁之前的壁画原大高清黑白照片，我当时第一眼就认定这是隋代时期的画风。因为所有线条都很纤细，特别令我注意的是有些莲花座每个花瓣上都有很精细的花纹图案，而且是用细线条组成的纹饰密集、变化复杂的图案纹样（一般照片看不出），这是典型的隋代纹样和式样。这与栖霞山隋代舍利塔上的莲花瓣的纹样线法和布局是一样的（图 5-53）。因为唐代绘画已拥有情感变化丰富的粗壮线条和色彩浓艳的表现语言，在壁面上很少用细密的线条表达形体了。法隆寺壁画从整体画面的构图来看，还属于隋代一佛二弟子二菩萨二天王的构图。当然，这种隋代构图的延续在敦煌初唐的洞窟中也可看到，如莫高窟第 57、322等窟。但法隆寺壁画的线和色彩的表现明显没有进入中国唐代画风，特别是菩萨还有典型的"面短而艳"的"张家样"特征（图 5-54），与莫高窟第 57 窟的脸型、线法、色彩是差距比较大的（图 5-55、

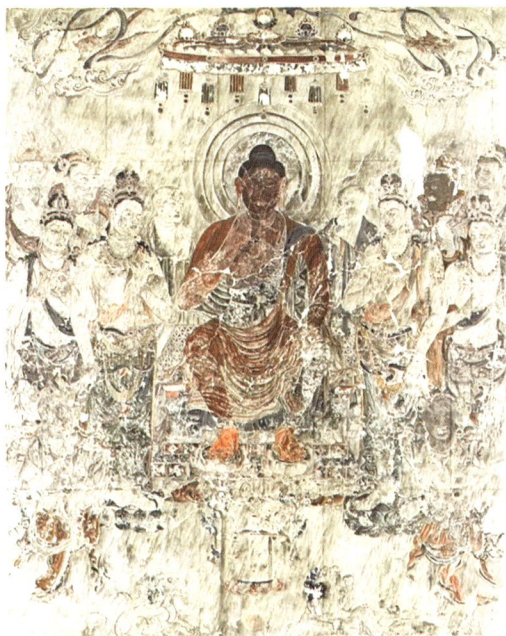

图 5-51 法隆寺金堂壁画

图 5-53 栖霞山舍利塔莲花瓣石刻（局部） 隋代

图 5-52 法隆寺壁画（局部）

图 5-56、图 5-57）。法隆寺造像和壁画应属于以隋代时期风格为主的作品，其中没有出现像中国大唐盛世富丽堂皇的华贵和气势宏伟的画面。当然，也有可能在第一次被火烧后重建时，主持者有意要修复回当时隋代的艺术风貌，以表示该寺历史的久远。另外，大火留下的铸铜佛像都是隋代风格（图 5-58），也可能有壁画必须和塑像统一保持隋代风格之故。

图 5-54 法隆寺壁画（局部）

图 5-55 莫高窟第 57 窟北壁菩萨（局部） 初唐

图 5-56 莫高窟第 57 窟主室北壁　唐代

图 5-57 莫高窟第 57 窟主室南壁　唐代

图 5-58 法隆寺观音

东晋以后形成的南方文化不仅影响到当时南朝诸代，还影响到整个北朝时代和后来中国各个朝代石窟艺术的发展和演变，甚至影响到了周边的高丽和日本国，特别是对日本产生了巨大的影响。栖霞山石窟是当时南方文化的杰出代表之一，现虽仅存几身较完好的石刻造像和几身飞天壁画，但对研究中国佛教艺术史的发展却有着非常重要的意义。我们据此找到了各地石窟在这一时期雕塑和绘画的根源，更重要的是这些遗存弥补了在研究南方文化时找不到绘画原作来与同类艺术做比较的空白；特别是消解了在石窟壁画的研究方面无法找到与北方壁画相比较的南方壁画的苦衷。

综上所述，敦煌莫高窟早期艺术来源于西域和印度，而西魏以后至唐代初期艺术受到南方文化的影响。对东晋和南朝时期南方文化的研究，有助于我们进一步厘清中国佛教石窟艺术发展的全部脉络。

第 六 章

跨跃「鸿沟」

敦煌与中国现当代艺术

20 世纪初，尘封的敦煌藏经洞被打开，这座当时已历经 1500 余年的中国古代艺术宝库引起世界的轰动，如此巨大规模且连续 10 个朝代不断的艺术真迹，吸引中外艺术家接踵而来。100 多年过去了，敦煌艺术对当今世界艺术究竟有多大影响？敦煌艺术的精髓是什么？如何继承和发展敦煌艺术？这是我们今天必须追问的。

敦煌艺术
对中国乃至世界
艺术的影响

　　敦煌艺术真正影响于中国艺术教育，应该是"文革"结束之后的事。在这之前，艺术教育界很少提及敦煌，其原因很明显，中华人民共和国成立后的前十几年，全国学习苏联模式，美术教育也同样照搬了苏联契斯佳科夫的整套教育方法。当时的中国画被排斥在外，艺术性得不到承认，当年浙江美术学院一位著名的中国画老师就被调去食堂卖饭菜票。带着浓厚宗教色彩或民族传统的艺术无人敢提及。

　　这一时期，在美术史论著作中，有的根本不提及敦煌艺术，有的则轻描淡写，一笔带过，美术学院更没有开设相关的课程。到了"文革"后期，只有香港出版了一本比较正规的画册，国内其余的出版物都是小型读物，除了莫高窟专业研究人员和少数几位学者之外，几乎没人研究敦煌学。所以出现了一种怪现象，正如有的人说的那样："敦煌在中国，研究在日本。"

1980年前后，各大美术学院师生和艺术家开始蜂拥至敦煌，敦煌研究院也大开方便之门。短短几年时间，莫高窟迎来了历史上艺术创作者最多的高峰时期。浙江美术学院的院长莫朴，为了让师生能在敦煌更好地临摹学习，在1980年专门派了一辆卡车从杭州运了一车的画板到莫高窟。当时，卡车行驶到陕西宝鸡一带遇到公路塌方过不去，又绕道宁夏，从内蒙古辗转而来。我到莫高窟工作后，知道了这批画板的故事，也经常去"借用"。

后来因形形色色的临摹对壁画产生了一些负面影响，特别是出现了壁画受损的情况，自1984年之后，研究院规定非莫高窟工作人员不得进入洞窟临摹，才渐渐缓解了敦煌的压力。

这短短几年兴起的敦煌艺术研究高潮，极大地改变了中国艺术的发展，许多艺术家开始尝试和探讨中国传统技艺及表现手法。"敦煌热"也影响到中国港澳台地区。有一次，我与台湾来的几位画家座谈，其中一位年轻画家看完敦煌壁画后说："在这之前，我以为'沥粉堆金'是现代工艺，到这里才知道1000多年前已经有这种艺术表现手法了。"

其间，甘肃省歌舞团对提升敦煌的知名度做出了很大的贡献。以敦煌为题材创作的《丝路花雨》歌舞，获得了巨大成功，对敦煌古典音乐的破译，也在乐坛产生了很大影响，使得敦煌艺术开始步入寻常百姓家，并在世界舞台引起轰动。

当然，受敦煌艺术影响最大的国家应该是日本。敦煌成为日本家喻户晓的名字，而且敦煌旅游热也在日本兴起。以平山郁夫为代表的艺术家经常来莫高窟，我还听说日本艺术校院要求每个学生必须至少来一次敦煌。不管怎么说，这体现了日本对中国古代传统艺术的重视。西方各国的艺术家，则将敦煌艺术视为他们学习东方艺术的必修课。

这 40 多年中，还有一个最大的变化：所有的中国美术史论著，都开始将敦煌艺术作为一个重要部分来论述。

一个世纪以来受敦煌艺术影响的著名艺术家

敦煌壁画和彩塑不仅囊括了中国古代艺术所有的表现语言，而且还融汇了中西方现代艺术的全部表现形式，所以敦煌能让世界各国的艺术家折服。那么，敦煌百年来影响了哪些艺术家呢？这个话题绕不开较早来到莫高窟的三位中国艺术家：张大千、常书鸿和董希文先生。

尽管张大千比常书鸿早一年多来到莫高窟，但我还是要将心中第一的位置留给常书鸿先生，因为他是敦煌研究院的前身——国立敦煌艺术研究所第一任所长。

常书鸿先生留学法国，并在法国的艺术沙龙得过金奖，是一位西洋画造诣很深的艺术家。他看到敦煌艺术之后，省述至深，义无反顾地来到莫高窟，一辈子研究敦煌艺术，由此可见敦煌艺术的魅力。常先生毕生认定莫高窟，是因为他深知西方所谓现代艺术诸流派，都是吸取了东方艺术的表现语言，而敦煌艺术正是东方艺术的最典型的代表。

我拜读过常先生的许多论文，他对西方艺术有着深刻理解和认识，但他的追求是要让东方现代艺术崛起。在敦煌，他找到了东方艺术最恢弘壮丽的源泉，心灵在这里撞击出了火花。一个人一辈子能实现理想与现实"碰撞"的机会是相当难得的。他看见了新艺术时代的光芒，找到了中国千年艺术的民族根基，这一创作的力量源泉令他投入了毕生的精力。

他临摹的敦煌壁画《九色鹿本生故事》（图6-1）中展现的色块与塑造的方法，正是当时西方现代主义追求的塑造手法。从他获奖的作品中，可以看出他当时在法国作画时，潜意识里在追求东方某种色块的响亮和明快。他临摹了敦煌壁画之后，才知道中国古代艺术家早已彻悟到形体和色彩塑造的艺术至高境界，他们平静恬淡地创作每一个作品。可以说，敦煌艺术的每一根线条、每一块色彩都令他着迷不已，折服终生。

图6-1　临摹莫高窟第257窟壁画——九色鹿本生故事　中国画　常书鸿

对生活在今天的我们来说，这些来自1000多年前的作品，既让我们骄傲，也令我们羞愧。也许正因为这份沉重的荣辱感，压得他终生不能自拔。颇为遗憾的是，他最终没有从敦煌艺术中走出来，这当然有历史背景和时代需要的原因。他花了大量的精力去抢救和保护敦煌艺术，是当之无愧的"敦煌保护神"。但是，不管过去、现在还是将来，艺术都不能止步于保护，还有比这更为重要的，因为艺术能唤起人类的觉醒。我想，常书鸿先生当年来敦煌的本意，也绝不仅仅是"保护"，应该还有更多的愿望。

张大千比常书鸿早一年多来到敦煌，他不像常先生是因为创建国立敦煌艺术研究所来到这里的，而纯粹是因为个人临摹与研究的需要。他在莫高窟待了两年零七个月，临摹了莫高窟各个朝代的代表作品。张大千是学水墨画出身的，精通中国的书法绘画笔法。临摹敦煌壁画之后，他所画的现代仕女画，很长一段时间都是用敦煌的色彩和线条来表现的，尽管有些老调新词，但在当时人们认为已是"出新"的艺术风格（图

图6-2 仕女图 中国画 张大千

6-2）。不过，他的作品在西方展出时，没有逃过艺术大师毕加索的眼睛。毕加索对东方艺术造诣也极深，当他来看张大千的画展时，仅转了一圈，就一言不发地走了，张大千紧追至门口，希望他给一点评价。

毕加索只说了一句话："怎么没有看见你的画？"

这当头棒喝令张大千吃惊不小，他开始认真地思考什么是"自己的画"，他苦苦探索，在晚年创作了"泼彩画"系列，形成了自己的独特画风。"泼彩画"大胆地运用了敦煌艺术中艳丽浓重的色彩，兼收了水墨画的线条笔法，使得张大千脱颖而出，进入了现代中国画大师的行列（图 6-3）。

另外还有一位值得关注的画家是董希文。董希文是油画家，随同常书鸿一起来到莫高窟。他停留的时间很短，抗战胜利后即回到北京。从他在敦煌临摹和创作的画作可看出，他是一个艺术

图 6-3 泼彩山水 中国画 张大千

造诣很深并且很有想法的画家。他临摹的北魏第254窟《萨埵太子舍身饲虎》，试图将自己的创作激情表现在临摹中，并没有忠实地再现古代的画法，而是用写意的画法表达了作品的气韵，其用笔流畅奔放，仅取用了全幅的"神意"。

另外董希文临摹佛爷庙的砖画，虽然看上去忠实地临摹了画像砖上的画面，但他始终有一点与众不同，就是紧扣作品神韵的临摹主导思想。所以，他临摹的作品总是神韵非凡。西方的一些艺术家临摹前人的作品时也是如此，比如梵高临摹米勒的《播种者》，就是完全按照自己的风格。

董希文回到北京后，创作了著名的《开国大典》。这幅巨幅创作运用了不少敦煌色彩的画法，而且很好地融入了个人风格。他最出色的作品应该是《哈萨克牧羊女》（图6-4），该画现收藏在中国美术馆，我认为该画最能代表他艺术成就的顶峰。他将西洋的绘画表现手法，真正与敦煌壁画水乳交融，我们可以感受到他受敦煌的影响但又看不出具体痕迹在哪里，出自西方油画而又有浓厚的东方味道，这正是艺术的最难之处。他在新中国成立后的十几年里，在中央美院开办了董希文工作室，但他的教学方法并没有得到重视和推广，更令我们遗憾的是董希文先生的早逝。

除这三位较早来敦煌的艺术家以外，还有一位不得不提的便是日本艺术家平山郁夫。平山郁夫虽然也无比崇拜敦煌，但他早期的创作审美思想和造型受的是古印度艺术的影响。1958年，他来到敦煌后，也按敦煌第419窟壁画（图6-5）的表现方法创作了一些人物画作品（图6-6）。当然，他的许多丝路风情作品更具独特的艺术风貌，是日本一位不可多得的伟大艺术家。

图6-4 哈萨克牧羊女 油画 董希文

　　还有许多艺术家都来过敦煌，并声称受到敦煌艺术的影响，但实际上他们的作品中看不到敦煌的气象。有一类是完全继承了敦煌壁画的表现方法，如潘絜（jié）兹先生。还有一类是在传统敦煌的表现技法中融入变化，如有些人尝试用水墨去画敦煌人物，

图 6-5　莫高窟 419 窟壁画　隋代

图 6-6　佛教传来　日本画　平山郁夫

但"敦煌味"都太重了。真正像董希文、张大千先生那样吸收消
化了传统，且羚羊挂角不着痕迹的大家太稀少了。现在有评论家
和学者发声，说当前中国画坛是一个无大师的时代，虽言之过甚，
但这确实需要引起我们足够的重视与反思。

敦煌与中国现当代艺术

敦煌艺术虽然广泛地影响着这个世界，但要将其很好地消化吸收并转化为现代艺术的表现形式，并不是一件容易的事情。从观念认识到实际运用，都需要经历时间的考验。很多艺术家在努力学习研究敦煌艺术，但在艺术创作中却吸收不了敦煌艺术的精髓，有的甚至生搬硬套、东拼西凑，照搬了敦煌的一些技法，可以说几乎没有领略到真意。

艺术的吸收应该是消化之后的再创造，在作品中了无痕迹，自然流露，但又能感受到它的气息。我认为董希文、张大千先生做了一个很好的示范。相比之下，其他的艺术家消化敦煌艺术的养分并运用于艺术创作中的成就不大，努力还远远不够。

长期生活在敦煌莫高窟从事敦煌艺术研究的同人们，特别是美术工作者，包括我在内，都是敦煌艺术的崇拜者。大家从 20 世纪 50 年代开始进入了新艺术创作，遵照"古为今用"尝试从中走出来，走向现代艺术。从许多作品中不难发现创作者的艰辛和努力，尽管艺术的突破是那么难，但大家还是全身心地去做，不懈努力地去做。这种精神是可嘉的，也是可喜的，但还要继续努力。

　　为什么会出现这种"消化不良"的现象呢？我想每一位从事艺术创作的人心里都非常明白。我到敦煌几年后，越来越发现对敦煌艺术中的那种民族传统的深邃的东西无法靠近，她始终如天神般高高在上，我仰视着她却无法"望其项背"，心里久久不得其解。

　　后来我到了国外，认真地研究了西洋绘画艺术的发展，从古典主义到现代主义的诸流派。我发现，尽管西方现代派艺术被我们认为光怪离奇、抽象难懂，但从西方古代的艺术一直到现代艺术，它们竟然非常符合西方的艺术发展规律，是从古至今一脉相承的，非常和谐，没有任何间隙和差距。为什么中国现当代艺术就有点不伦不类的感觉，与中国古代艺术格格不入呢？这是因为我们完全套用了西方艺术的审美和造型来表现现当代中国艺术，就是说我们用西方人的视角来创作中国画。"无本之木"种植在中国的土壤之上，必然虚浮难以扎根。

　　把敦煌艺术和中国现当代艺术放在一起，我们不难发现一个问题：中国艺术的传承在元明之后出现了断裂。尽管敦煌艺术体现的是佛教艺术，色彩也有很大的变化，但我们将它展开来，从南北朝往上追溯到秦汉以前的中国艺术，它与秦汉艺术都非常协调，一脉相承。就是说，将整个中国艺术连成一幅画卷来看的话，从元明艺术到中国现当代艺术之间出现了一个很大很深的"空洞时期"，即没有新艺术面貌时期。我把这个空洞时期称为中国艺术的"鸿沟"，这条从明代至今存在 300 多年的如此巨大的"鸿沟"，不知由多少"代沟"形成。

有人说，中国水墨画不是从宋代以后一直延续到今天吗？可是水墨画在元代之后都是复制前人的表现方法，一直没有大的更新变化，作为艺术，可以说是停止了向前发展。退一步讲，就算文人水墨大写意画到徐渭、八大山人已有些新的突破，但宋代梁楷的大写意已经是早有先声了。所以，清中期画家郑板桥以及近现代画家齐白石都还有自知之明，均"愿做青藤门下狗"（徐渭，明代画家，号青藤）。

特别是近百年来，有些中国艺术家似乎忘记了自己的民族审美，完全用西方艺术的审美来创作所谓中国现代艺术，美其名曰"中西结合""新水墨"。恰在这近百年来，西方艺术吸取了东方艺术的营养，突破了他们古代艺术的形式，形成了西方现代艺术诸流派。而现当代中国的艺术创作者，至今还找不到中国现当代艺术该出自何方。

其实明末清初西学东渐以来，中国艺术家便有一种面对西方绘画自惭形秽的自卑感，水墨画真有"日暮途穷"之势。这种民族的自卑感最严重的时期，也是中国艺术空洞最深的时期。中国水墨画之所以没有"灭绝"，是因为它与中国的文字书写紧紧地咬在一起，因而带来延寿的机会。水墨作为中国艺术的一种语言形式，有很多可取之处，关键是要从中国传统审美上继续发展和突破，而不是将水墨画改用西方艺术审美的表现形式。

中国水墨画自宋代兴起，至今已1000多年，作为艺术，没有形式的突破，是一件很可怕的事。我们要怎么填平这么宽的鸿沟？中国艺术要怎么样才能有序地传承？改革开放初始，觉醒的中国艺术开始出现一些慌乱和躁动，有点"病急乱投医"之感。有的提出全盘西化，有的试图寻找民族传统艺术之源。在这纷繁复杂的时期，中国艺术出现了很多生搬硬套的艺术创作，比如照搬西方现代派的表现形式，或是照搬古代的传统艺术，贴上现代的标签，等等。曾有一段时期，弄得国人不知所云，不知所措。在这样一种历史背景下，中国艺术出现这种现象也是在所难免的。

可喜的是，中国逐渐出现了一支庞大的年轻艺术家的队伍。我也很认真地观看了近几届全国美术作品展览，不管是线条还是色彩的表现，都出现了一些生机，但是绝大多数艺术创作者仍然站在西方艺术的审美立场和视角上从事艺术创作，包括水墨画，也是用西方的观察方法去表现的，可见舶来的所谓"科学"的西洋艺术对中国现代艺术的影响是多么根深蒂固。

中国现当代艺术从何地开始？又处在什么位置？我以为，中国现当代艺术应该从敦煌艺术开始"接力"，填平从敦煌到现当代的这条"鸿沟"。我们是不是可以将中国现当代艺术称为"后敦煌艺术"呢？今天，大家首先要认识到这一点，才能知道自身的艺术之路做什么事，怎么去做。

只有我们每个人都拥有一颗民族艺术的自信心，才能填平敦煌艺术到中国现当代艺术这条又深又很宽的"鸿沟"，才能完美地承接中国民族艺术的巨型画卷，才能真正创造出中国现当代艺

术。艺术的发展没有捷径，我们每个人都要踏踏实实地用"愚公移山"的精神，去填平这个"鸿沟"。否则，即使再过千年，我们也走不出西方艺术笼罩在我们身边的迷雾。

近几十年来出现了几位从中国传统艺术中走出来的现当代艺术家，包括一批工笔重彩的老艺术家，在创新上都做出了很大的努力。但作为艺术潮流，还未形成中国现当代艺术的大气候，没有惊动和影响当今世界。所以，我们还需要志存高远，负重前行。

那一抹
神秘的色彩

2016 年，我与中国艺术研究院中国工笔画研究院院长何家英老师相约在北京一家宾馆见面。何家英老师是中国著名的工笔重彩人物画画家，我们这次相约一起讨论的问题是中国工笔重彩画的色彩表现来源于哪里。当然，中国线造型的线条表现毫无疑问是源于中国汉字书写的表现型的情感笔法的，是纯汉民族的传统审美。但是中国绘画中的色彩表现，是我们中国本土形成的还是受到了外来印度佛教壁画艺术的影响，我们一起探讨了这个问题。因为当时的思路仅限于"壁画"，我便认为中国绘画色彩转入多彩和重彩画，应该是受到南北朝时期印度佛教艺术传入并在中国兴起后的壁画色彩的影响。色彩的表现自此才开始丰富了。因为之前的秦汉至晋时期留存下来的绘画大都是墓室壁画，色彩也简单，仅用土红、黑、白三种色。何家英老师又提出，佛教壁画的

色彩是只受到印度的影响，还是也受到了波斯细密画的影响呢？或是受到哪种因素影响多些？他提出这个问题，我们进行了一场十分有趣而又非常认真的比较式讨论，特别是谈到敦煌艺术受到印度壁画的影响更多还是受到波斯艺术的影响更多的问题，还有印度与波斯艺术之间有没有关联等问题。何家英老师说："我们能不能到印度和古波斯的伊朗一带进行一次考察？"我说："这个提议很好，我非常高兴能和您一起去进行这方面的考察和研究！"于是就由何家英老师开始组织和筹备这一次寻找中国绘画色彩源头的考察活动。

2017年10月份，我们在北京三度半艺术空间董事长程腊生先生的大力支持和赞助下，组成了一个小考察团队。由何家英老师领队，其他成员有：天津美术学院的陈聿东老师，中国艺术研究院的方李莉老师、杭春晓老师、于瑜老师，程腊生先生及女儿程一丹，加上我，一行8人。我们从北京出发，乘飞机先到达印度的首都新德里，然后开始了这段具有重要意义的中国传统绘画色彩探源考察之旅。

我们到达新德里以后，首先联系了中国驻新德里大使馆，与驻印度大使见了面。跟大使讲了我们此行的研究方案和目标后，我们很快得到大使馆的支持和帮助，并立即跟印度国家博物馆的馆长联系上了，博物馆约请我们一行人第二天去。于是我们在到达印度新德里的第二天前往参观印度国家博物馆。我们在这里看到了远古的印度雕刻和其他一些艺术作品（图1），再次证实了印度佛教造像是从远古的装饰性造型风格一直延续到马图拉风格的脉络（图2）；还看到了在印度北部出现的希腊雕刻与印度本土装

图 1　印度雕刻

图 2　印度早期马图拉佛造像

饰风格相结合的犍陀罗风格造像；也看到了敦煌藏经洞流失在印度的敦煌绢画。这让我补充了 2002 年在大英博物馆未看全的部分敦煌藏经洞的绢画。当年斯坦因受英国东印度公司赞助去考察丝绸之路，给东印度公司留下了一部分绢画，其中虽然有不少残片，但非常精美（图 3、图 4）。此次参观，印度国家博物馆给予了我们很多方便，在此表示感谢！

参观完博物馆，我们坐飞机直飞印度西部城市孟买。到了孟买，先从大象岛石窟开始考察，然后慢慢往北走，到了印度的埃洛拉石窟、克久拉霍石窟、菩提伽耶、山奇大塔、瓦腊纳西、泰姬陵等地，最重要的是我们要到达建于公元前 2 世纪至公元前 1 世纪的阿旃陀石窟（图 5）。

阿旃陀石窟是印度众多石窟中唯独以壁画为主的石窟。特别以阿旃陀 1 号窟的壁画和 26 号窟的雕刻最为精美，保存得也最好，是印度艺术的经典和代表之作。我们在这

图 3　敦煌藏经洞绢画（残片）唐代　印度藏

图 4　敦煌藏经洞绢画　宋代　印度藏

图 5　印度阿旃陀石窟

里看到了印度壁画的色彩和造型，以及它的晕染方法。从此处看
到敦煌壁画早期的色彩确实是受到了印度的影响（图 6）。从阿旃
陀石窟的壁画中不难看出，特别是画中的晕染形体法类似西方绘
画的明暗表现法（图 7），即这些形体线都是依着加强形体和修饰

图 6　印度阿旃陀壁画

图 7　印度阿旃陀壁画

形体而画的，衣纹线也是依着形体的起伏而设的，由于晕染是根据形体明暗关系来塑造的，轮廓线在被晕染的色块覆盖住后不需要复勾线（图8），因为色块和晕染已经完美呈现出形体的立体表现了，线在这里起到加强和修饰形体的作用。这就是区别印度线法与中国线法表现作用的根本点。当然，阿旃陀时期的线条虽依着形体而勾，而且有的线条也勾得流畅有情感，特别是花鸟图案上的线条都很轻松生动（图9），但这里的各种彩色线有一点不同于中国画法的是这些彩色线大都是调试好了再勾上去的，如调好了蓝色勾蓝线，调好红色勾红线。而中国壁画中的各种彩色线大都是在底层墨线之上相重合渲染而成的，保持了墨线与彩色线的空间塑造层次感。印度这一时期的色彩颜料有矿物质、土质和植

图8　印度阿旃陀壁画

图10　印度阿旃陀壁画

图9　印度阿旃陀壁画

图 11　印度细密画（局部）

物质等，色的种类也不是太多，但色的重复、交替、层次的变化运用得非常好，所以仍使人感到丰富多彩（图 10）。在色彩块面的设色方面，其用笔填色工整中也还略带写意性，基本上是平面方块里面填色的方法。但到后来填色越来越工整了，特别是 12 世纪波斯细密画传入印度后，更为工整装饰化，线和色彩的表现也走向波斯细密画风格了（图 11）。

　　考察完阿旃陀石窟以后，我们继续前往伊朗。伊朗是细密画的发源地。虽说细密画也传到了印度，但是它的源头还是在伊朗，现在的伊朗即古代的波斯国。

　　我们到了伊朗，最先去的是西南端的城市设拉子和波斯波利斯，看到了古波斯帝国的宫殿遗址，残存的雕刻非常精美，我 10 多年前在大英博物馆看到雄伟的古波斯雕刻原来出自这里（图 12）。后来我们又去了伊斯法罕和德黑兰。我们特地去参观了最贝地方特色和代表性的细密画的制作场地。在这里，我们看到东方色彩和塑造方法有一个共同特点，就是比较讲究色彩的响亮简洁。但是从造型上来看，印度和古波斯的造型，有共同之处，就是其线的作用都是加强形体和修饰形体，特别是线条的密集处，线的粗细长短是根据形体的明暗来组合的。也有人称这种线的表现为"阿拉伯式线"。只是波斯的线条更加工整精致。两者表现形体立体的晕染方法也基本相同，即遵照形体的起伏来加晕染，也如西洋画中的明暗的表现画法，填色更加细腻有装饰味。在这里特别需要说明一下的是，由于画面尺寸太小，许多表现明暗和晕染的块面色彩的地方是用一排整齐的线组成的，犹如钢笔画成的排线。我们从这些高倍放大的细部图中才可以直接看到细密画的全部表现语言（图13）。虽然细密画的画面极小，20—30厘米见方的居多，但每个部位都紧密严谨且富有装饰味（图14），令人叹为观止！细密画多为纸本，但也有画在布上的。其使用的颜料也是以矿物质和植物质颜料为主（图15），另外有所不同的是波斯绘画调色用的是植物胶，可能因为那里是沙漠比较干旱，我们称这种胶为"阿拉伯

图 12　伊朗波斯波利斯古波斯遗址

图 13　细密画（纸本）18cm×8.5cm　谢成水藏

图 14　细密画（局部）

图 15　波斯细密画

树胶"。中国绘画调颜色则大都用动物胶。

　　到达伊朗收获最大的是发现敦煌壁画中很多图案纹样是受到波斯审美影响的，最多的是连珠纹样（图16），这在莫高窟隋代的壁画中运用最多（图17）。还有就是敦煌壁画中的空间里各种飘动的"小花朵"和"色点"的表现也是受波斯影响的（图18、图19）。当然，中国的画家似乎不满足于这些，总要添加点自己的东西，比如莫高窟第285窟窟顶壁画在这些表现"天空"的地

图16　波斯纹样

图17　莫高窟第277窟龛沿图案　隋代

图 18 波斯纹样

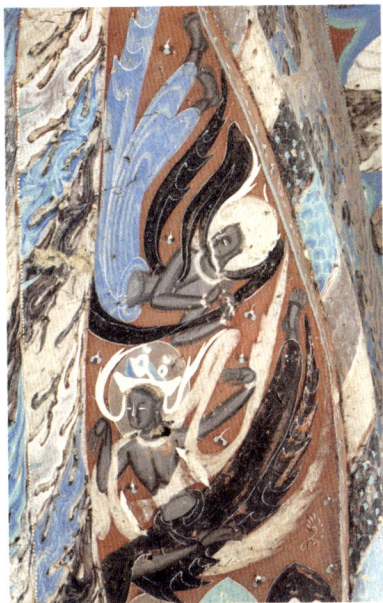

图19 莫高窟第249窟壁画 西魏

图20 莫高窟第285窟壁画 西魏

方，除花朵之外，还要用土红线条画出肉眼看不见却能感受到的在飘动的"风"。当然，大家也不要忽略这天空中无数飘动的蓝色点，它们已经不是花纹图样了，细看时还有飘动的方向，其速度之快还带出了如现代火箭发射时的火焰尾巴，我不知道这表示的是什么，只是觉得放在这里很生动、热闹，既有象又抽象。这也许就是东方艺术造"神"中的"需要"！这里还要告诉你一个秘密，这些蓝色点不是用中国毛笔画出来的，而是用手指头蘸上蓝色点按下后顺势带出尾巴，这可能是中国最早的手指画了（图20）。我们在这里看到自己的祖先怎样运用"点""线"这样抽象的艺术语言，同时又如何创造更多抽象的神奇艺术世界！

在波斯的纹样中还有很多人与野兽搏斗的图案（图21），与敦煌隋代第420窟彩塑菩萨裙上的圆形图案中的人与野兽搏斗的图案非常相似（图22），把这图案画成线描图对比（图23），显然这图案也是受到波斯影响的。当然，还有"三兔共耳"图案和反

图21　波斯纹样

图 22　莫高窟第 420 窟彩塑　隋代

图 23　莫高窟第 420 窟图案线描图

弹琵琶造型等都是受到波斯影响的。在色彩方面波斯的色彩种类也以红、蓝、绿、黄为主，与印度的差不多。当然，波斯细密画发展到后来，还有一些流派虽保留了传统细密画的色彩和线条的装饰性表现画法，但同时也出现了如西方绘画的明暗调子的画法（图 24）。

纵观上述，我们汉民族艺术吸收的仅是印度和波斯的色料种类，在构图上虽然也吸取了后者一些布局密集、装饰性强的纹样模式，但造型线条和色彩塑造表现的方法与印度、波斯的大不一样。为什么会出现这种差距？这就取决于每个民族在表现一个物体"先入为主"的审美视角时切入点的不同，即在下笔之前心中是先要表现"形"还是先要表现"神"。这是中国造型艺术区别于世界艺术诸流派的最根本的基点。毫无疑问，中国造型艺术从一开始就是以"神"为先的，南齐谢赫画论"六法"中第一法就是"气韵生动"。还有用笔要求——"意在笔先""得心应手""胸有成竹"等等，都

图24　波斯细密画　现代

是以"神"先入为主的审美观。了解了这一点后，我们就不难区分东方与西方，以及东方各国诸流派艺术了。不用说西方艺术是以"形"先入手的，东方各流派艺术中的埃及、波斯、印度以及犍陀罗艺术虽然都含有线造型的成分，但它们仍然是如同西方艺术那种以"形"为先入手的，线条仅起到加强和修饰"形"的作用，这就是它们与中国造型线法根本上的不同。中国线法源于"象形文字"，象形文字即把"形"提前融合转换成抽象的"线"的符号，所以中国的"线"可以单独立于"形"之上，而装饰线法的线则立于"形"之下。由于中国的线已完成了对"形"和"空间"的传递，所以中国书法和绘画要求每一笔都要有"一波三折"的空间感,这就是中国艺术的"传神"之意。也正因此,中国画的每一根"线"和"点"的下面都要有"形"和"空间"的支撑,才能达到"一笔千年"的深邃。作为艺术,"神"是高于一切的。中国这种真正"传神"的艺术,在东方诸流派乃至全世界艺术中都是独特的高峰。所以敦煌壁画中所表现出的激情饱满、情感丰富的线与色彩,至今1000多年了却仍在闪烁着一种亮丽而神奇的光芒。

结束古印度和古波斯艺术考察之旅回来后,我们就更清楚地看出敦煌壁画中有哪些是受到外来艺术的影响,哪些是我们本土的民族审美了。非常感谢这次非同寻常的考察,而最重要的收获是让我们再次发现自己汉民族对艺术"传神"表现和塑造的审美高度,以及如何将外来艺术融合、消化、吸收进而转变成汉民族自己的艺术表现语言。这才是我们今天需要继承的精髓。我真正体验到要"认识自己"和要有"民族自信"的艰难,于是便重新开始认真地追溯起汉民族艺术的源头。

当然,中国的象形文字一开始便与"形象"结下了不解之缘。从秦汉至远古的甲骨文,从原始彩陶纹到青铜器纹样,无不都是这种审美语言所表现的"线"的世界,也是世界上绝无仅有的。而中国本土的绘画色彩表现,似乎给我们这样一种印象,即汉代之前绘画用色是比较少的,从战国帛画到东晋顾恺之的《女史箴图》,都是以线为主的,色彩比较少。我们从汉画像砖上看到的色彩也比较少,仍是以线为主的,色彩仅用作点缀。当我再次看到一直被我忽略了的汉代马王堆出土的 T 形帛画时,不禁重新开始审视中国本土绘画的色彩构成和表现(图 25)。从这一帛画画

图 25　马王堆 T 形帛画　汉代

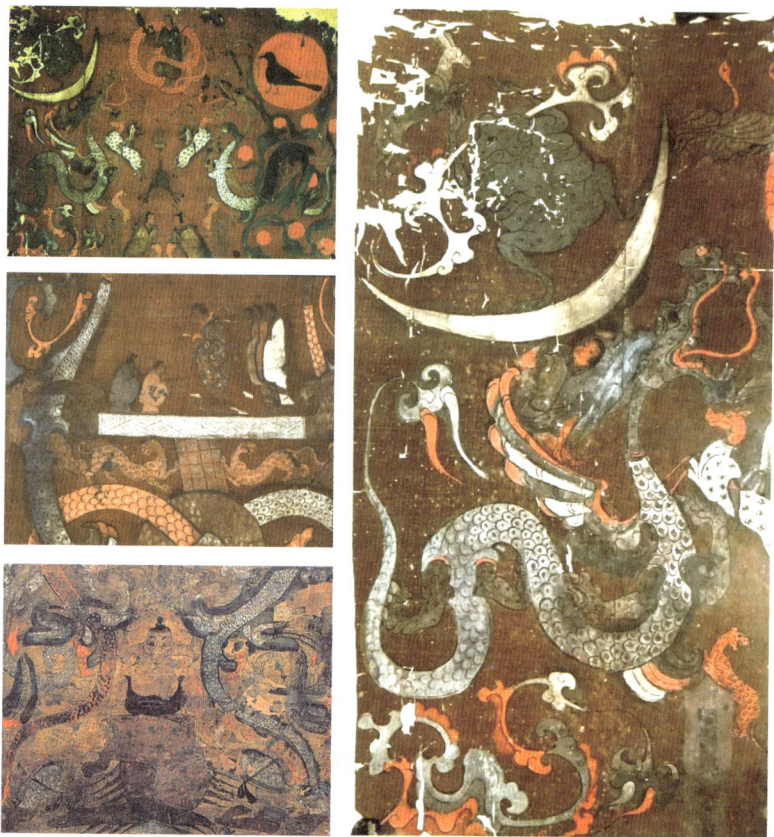

图 26、27、28、29　马王堆 T 形帛画（局部）汉代

面的许多细节可以看出，尽管色泽不是太鲜艳，但仍然能让人感
到色彩的丰富与多彩（图 26、图 27、图 28、图 29）。我们从一张
色彩的复原图中可以看出当时的色彩应该是十分艳丽的（图 30）。
更使我感兴趣的是，这里的色彩还有明暗变化，这当然又不同于
印度、波斯和西洋绘画的形体上的那种明暗变化，而是根据画面
需要分段式的一种渐变的色彩效果。这里的色彩和线条都画得工
整精细。由于是在帛上作画，色彩较浅淡，这也许就是其色彩一

图30　马王堆 T 形帛画色彩复原图　当代

图31　彩绘漆器礼盒　战国　林元茂藏

直被我忽略的原因。但这幅帛画色彩的丰富性已经很完美了，特别是蓝、绿、黄色的出现，使汉画像砖原来以朱红、白、黑为主的色系走向了全部色彩表现的完整性。当然，马王堆这幅帛画使我立即联想到了敦煌藏经洞绢画，只是它没有敦煌绢画色彩的厚重和艳丽（当然，不排除在潮湿的墓室中 2000 年，有色彩剥落的可能）。尽管如此，它也同样能完美凸显出东方艺术中中国汉民族线造型的独特艺术风貌。

2019 年，我因为一个偶然的机会，遇见了台湾的收藏家林元茂先生，他喜欢收藏战国时期至汉代出土的各种漆器，收藏品竟有 2000 多件。汉代的一些漆器，我在湖南省博物馆看过，当时仅把漆器当作工艺品来看待，没有深入研究和联想它与中国重彩画表现和汉民族审美的关系。这也是我做汉民族色彩研究第二个忽略的地方。当我看到林先生收藏的各式漆器，特别是看到漆器上的绘画时（图31、图32），我猛然醒悟：中国文字书写线法表现"笔"的情感空间的立体形式，中国绘画色彩的艳丽和层次塑造的表现语言，正是来自中国最古老的漆器绘画。远古先民最早选用的以

图32 彩绘漆器礼盒（局部）

图33 彩绘漆器礼盒 战国 林元茂藏

图34 彩绘漆器礼盒 战国 林元茂藏

图35 彩绘凤纹漆耳杯 战国 荆州博物馆藏

红、黑、白、黄（或金色）为主的器物颜色，成为一种尊贵而又能产生视觉震撼的色彩构成。特别是在祭祀或重大礼仪场所，以大红色为主色，辅以黑、黄、白、金色构成的色彩空间，足以震慑人的魂魄，可以说这是一组能使宇宙与人的魂魄相通的色彩信息码。至今全世界仍公认纯正的朱砂红色为"中国红"。当然，这一时期也使用蓝色（图33、图34），但这时的色彩丰富程度似乎并不影响汉民族艺术的情感塑造和表达。即先民对任何一种单色的层次塑造也能表现出情感的全部，这就是为什么在宋代以后会出现单色的文人水墨画，并千年不衰。我在这里真正领悟到汉民族艺术的所谓"传神"，就是以情感表现一切的审美精神。这也

图 36　彩绘凤纹漆耳杯（局部）

就是为什么中国传统艺术至今仍能站在世界艺术之巅。当然，最
令我震撼的，是现藏湖北荆州博物馆的一个巴掌大小的战国时期
的彩绘凤纹漆耳杯（图 35、图 36），在这个小小的酒杯中竟然倾
注了汉民族的全部艺术审美和精神！不论是那如宇宙般恢宏的想
象空间，还是线条的奔放、流畅、轻重与虚实，或是色彩的强烈

图37　牛郎织女（中国画）谢成水　中国美术馆收藏

图38　敦煌三危山的余晖（中国画）谢成水

对比、层次和浓淡，以及飞掠在整个画面之上的一气呵成的自然而又平静的气韵之"神"，都令我无法用语言文字来描述；这一时期竟已经如此完美地到达了中华民族艺术审美表现的最高峰。在这里可以看到来自茫茫远古，亦必将影响千年之后的艺术的源头。我们似乎不再需要任何赘述与预言，千年之后的唐代出现艺术的灿烂与辉煌已是必然的了。也不需要再追根溯源了，这里就是中华民族壮美史诗中的一段精彩源流，她将证明这种辉煌会不断出现，直到永远。尽管敦煌的佛教艺术来自印度，但丝毫不影响中华民族的独特审美世代相传并汇集成大河向前奔流。我们已感到了先祖温暖的血液就在我们身上涌动流淌，先祖就是我们，我们就是先祖！中华民族，从仓颉造象形文字的那一刻起，就注定了要站在用艺术语言表现一切的最高峰。一笔通千年，是这个人类世界绝无仅有的。这也许就是中华文明 5000 年不衰而能继续勇往向前的自信、希望和光芒！

　　"看见敦煌，看见自己！"

特别鸣谢敦煌研究院。
封面书名"看见敦煌"由赵声良题字。

图书在版编目（CIP）数据

看见敦煌 / 谢成水著 . -- 长沙：湖南文艺出版社，
2025. 1. -- ISBN 978-7-5726-2128-4
　Ⅰ. K870.6
中国国家版本馆 CIP 数据核字第 2024KR6581 号

上架建议：敦煌艺术

KANJIAN DUNHUANG
看见敦煌

著　　　者：谢成水
出 版 人：陈新文
责任编辑：吕苗莉
项目统筹：李　斌
监　　制：秦　青
特邀编辑：列　夫　王　争
文字整理：张　睿　云林子
文稿校正：张曙光　赵子楠
营销支持：kk
图书装帧：姜　姜
图像资料：敦煌研究院提供
图像摄影：孙志军
图像制作：敦煌研究院文物数字化研究所
风光摄影：熊　鹏
出　　版：湖南文艺出版社
　　　　　（长沙市雨花区东二环一段 508 号 邮编：410014）
网　　址：www.hnwy.net
印　　刷：北京天宇万达印刷有限公司
经　　销：新华书店
开　　本：680 mm × 955 mm　1/16
字　　数：325 千字
印　　张：28
版　　次：2025 年 1 月第 1 版
印　　次：2025 年 1 月第 1 次印刷
书　　号：ISBN 978-7-5726-2128-4
定　　价：108.00 元

若有质量问题，请致电质量监督电话：010-59096394
团购电话：010-59320018